新・日本国憲法試案

幸福実現党宣言④

まえがき

私は今、聖徳太子《しょうとくたいし》が新たな国造《づく》りを志《こころざ》した気概《きがい》、あるいは、明治維新の中心人物なら現・日本国憲法をどうつくりかえるかという観点から、『新・日本国憲法 試案』として十六条憲法を書き下《お》ろした。

これが未来日本の国家ビジョンの基本設計図である。百三条ある現憲法は、敗戦期の混乱の影響が色濃く、旧式の表現や、法律レベルのものが多々《たた》散見《さんけん》される。

百三条の憲法を十六条にスリム化する気概があれば、この国を根本的に改造し、未来型国家に変身させることも可能だと信ずる。

二〇〇九年　七月七日

国師《こくし》　大川隆法《おおかわりゅうほう》

新・日本国憲法　試案　目次

第1章

新《しん》・日本国憲法《にほんこくけんぽう》 試案《しあん》

〔前　文〕

われら日本国国民《にほんこくこくみん》は、神仏《しんぶつ》の心《こころ》を心《こころ》とし、日本《にほん》と地球《ちきゅう》すべての平和《へいわ》と発展《はってん》・繁栄《はんえい》を目《め》指し、神《かみ》の子《こ》、仏《ほとけ》の子《こ》としての本質《ほんしつ》を人間《にんげん》の尊厳《そんげん》の根拠《こんきょ》と定《さだ》め、ここに新《しん》・日本国憲《にほんこくけん》法《ぽう》を制定《せいてい》する。

〔第一条〕

国民《こくみん》は、和《わ》を以《もっ》て尊《とうと》しとなし、争《あらそ》うことなきを旨《むね》とせよ。また、世界平和実現《せかいへいわじつげん》のため、積極的《せっきょくてき》にその建設《けんせつ》に努力《どりょく》せよ。

〔第二条〕
信教《しんきょう》の自由《じゆう》は、何人《なんぴと》に対《たい》してもこれを保障《ほしょう》する。

〔第三条〕
行政《ぎょうせい》は、国民投票《こくみんとうひょう》による大統領制《だいとうりょうせい》により執行《しっこう》される。大統領《だいとうりょう》の選出法及《せんしゅつほうおよ》び任期《にんき》は、法律《ほうりつ》によってこれを定《さだ》める。

〔第四条〕
大統領《だいとうりょう》は国家《こっか》の元首《げんしゅ》であり、国家防衛《こっかぼうえい》の最高責任者《さいこうせきにんしゃ》でもある。大統領《だいとうりょう》は大臣《だいじん》を任免《にんめん》できる。

〔第五条〕国民《こくみん》の生命《せいめい》・安全《あんぜん》・財産《ざいさん》を護《まも》るため、陸軍《りくぐん》・海軍《かいぐん》・空軍《くうぐん》よりなる防衛軍《ぼうえいぐん》を組織《そしき》する。また、国内《こくない》の治安《ちあん》は警察《けいさつ》がこれにあたる。

〔第六条〕大統領令《だいとうりょうれい》以外《いがい》の法律《ほうりつ》は、国民《こくみん》によって選《えら》ばれた国会議員《こっかいぎいん》によって構成《こうせい》される国会《こっかい》が制定《せいてい》する。国会《こっかい》の定員及《ていいんおよ》び任期《にんき》、構成《こうせい》は、法律《ほうりつ》に委《ゆだ》ねられる。

〔第七条〕

大統領令《だいとうりょうれい》と国会《こっかい》による法律《ほうりつ》が矛盾《むじゅん》した場合《ばあい》は、最高裁長官《さいこうさいちょうかん》がこれを仲介《ちゅうかい》する。二週間《にしゅうかん》以内《いない》に結論《けつろん》が出《で》ない場合《ばあい》は、大統領令《だいとうりょうれい》が優先《ゆうせん》する。

〔第八条〕

裁判所《さいばんしょ》は三審制《さんしんせい》により成立《せいりつ》するが、最高裁《さいこうさい》長官《ちょうかん》は、法律《ほうりつ》の専門知識《せんもんちしき》を有《ゆう》する者《もの》の中《なか》から、徳望《とくぼう》のある者《もの》を国民《こくみん》が選出《せんしゅつ》する。

〔第九条〕

公務員《こうむいん》は能力《のうりょく》に応《おう》じて登用《とうよう》し、実績《じっせき》に応《おう》じてその報酬《ほうしゅう》を定《さだ》める。公務員《こうむいん》は、国家《こっか》を支《ささ》える使命《しめい》を有《ゆう》し、国民《こくみん》への奉仕《ほうし》をその旨《むね》とする。

〔第十条〕

国民《こくみん》には機会《きかい》の平等《びょうどう》と、法律《ほうりつ》に反《はん》しない範《はん》囲《い》でのあらゆる自由《じゆう》を保障《ほしょう》する。

〔第十一条〕国家《こっか》は常《つね》に、小《ち》さな政府《せいふ》、安《やす》い税金《ぜいきん》を目指《めざ》し、国民《こくみん》の政治参加《せいじさんか》の自由《じゆう》を保障《ほしょう》しなくてはならない。

〔第十二条〕マスコミはその権力《けんりょく》を濫用《らんよう》してはならず、常《つね》に良心《りょうしん》と国民《こくみん》に対《たい》して、責任《せきにん》を負《お》う。

〔第十三条〕地方自治《ちほうじち》は尊重《そんちょう》するが、国家《こっか》への責務《せきむ》を忘《わす》れてはならない。

〔第十四条〕　天皇制《てんのうせい》その他《た》の文化的伝統《ぶんかてきでんとう》は尊重《そんちょう》する。しかし、その権能《けんのう》、及《およ》び内容《ないよう》は、行政《ぎょうせい》、立法《りっぽう》、司法《しほう》の三権《さんけん》の独立《どくりつ》をそこなわない範囲《はんい》で、法律《ほうりつ》でこれを定《さだ》める。

〔第十五条〕　本憲法《ほんけんぽう》により、旧憲法《きゅうけんぽう》を廃止《はいし》する。本憲法《ほんけんぽう》は大統領《だいとうりょう》の同意《どうい》のもと、国会《こっかい》の総議員《そうぎいん》の過《か》半数《はんすう》以上《いじょう》の提案《ていあん》を経《へ》て、国民投票《こくみんとうひょう》で改正《かいせい》される。

〔第十六条〕

本憲法《ほんけんぽう》に規定《きてい》なきことは、大統領令《だいとうりょうれい》もしくは、国会《こっかい》による法律《ほうりつ》により定《さだ》められる。

以　上

第2章

「新《しん》・日本国憲法《にほんこくけんぽう》試案《しあん》」講義《こうぎ》

1 「国家の理念」を提示《ていじ》する

今、幸福の科学は新たに政治《せいじ》運動を行っていますが、「国家をデザインする」ということは私に課せられた使命であると思っています。

まず、「国家を、どのように持っていこうとするのか」という構想《こうそう》が大事であり、その構想があれば、あとは、それに沿《そ》って組み立てていくことが可能《かのう》なのです。

現在《げんざい》、法律《ほうりつ》や各種の法令等も煩雑《はんざつ》になっています。「戦後六十数年、法律等をつくり続けてきたため、国民の自由の領域《りょういき》がかなり狭《せば》まっている」ということを私は主張《しゅちょう》しているのですが、その原点は日本国憲《けん》法《ぽう》そのものであると思われるので、まず、日本国憲法の簡素化《かんそか》から始めなければいけないと考えます。

日本国憲法のなかには、法律まがいの細かい条文《じょうぶん》がかなり入っていますし、年代がかった内容《ないよう》もそうとう入っているので、一度、これらをリストラし、「国家の理念」および「国家の枠組《わくぐ》みとして必要なかたち」を提示《ていじ》することが大事です。

会社に経営《けいえい》理念があるように、「国家の理念は何なのか」ということを提示し、その上で、国家の基礎的《きそてき》な枠組みをつくることが必要です。

あとは、時代が変動していくと、いろいろなものが変わっていくので、細かな内容については、そのときそのときの法律に委《ゆだ》ねていくことが、より適切《てきせつ》なのではないかと思います。

憲法というかたちでカチッと固め、簡単《かんたん》には改正できないような硬《こう》性《せい》憲法にしてしまうと、五十年、百年とたつうちに、そうとうなひずみが出てきます。そこで、「憲法には必要最低限《さいていげん》のことを定め、あとは法律に委ねる」というかたちにして、随時《ずいじ》、法律を改廃《かいはい》していけばよいのです。

「新・日本国憲法 試案」では、前文《ぜんぶん》に加え、条文が十六条あります。

私は、聖徳太子《しょうとくたいし》の「十七条憲法《じゅうしちじょうけんぽう》」より一つ減《へ》らしたつもりだったのですが、前文を含《ふく》めると「十七条憲法」と同じ条文数になります。このくらいの条文数だと簡単でよいと思います。

憲法学者のなかには、「憲法には、人間の生き方など、主観的なものは入れるべきではない」と考える人もいるのですが、それは間違《まちが》いです。やはり、憲法は国民の拠《よ》り所になるものなので、すべての党派《とうは》や宗派《しゅうは》を超《こ》え、人々が国民として生きていくための規範《きはん》、進むべき方向を指し示《しめ》すべきだと考えます。

さて、現行《げんこう》の日本国憲法では、第一部として主《おも》に基本的人権《きほんてきじんけん》の規定《きてい》が置かれ、第二部として統治《とうち》の機構《きこう》に関する規定が置かれています。

大きく言えば、そのような二部構成《こうせい》になっているわけですが、「新・

日本国憲法　試案」においては、基本的人権に当たる部分は前のほうに簡潔《かんけつ》にまとめてしまっています。

2　宗教《しゅうきょう》国家としての立国を

〔前　文〕

われら日本国国民《にほんこくこくみん》は、神仏《しんぶつ》の心《こころ》を心《こころ》とし、日本《にほん》と地球《ちきゅう》すべての平和《へいわ》と発展《はってん》・繁栄《はんえい》を目指《めざ》し、神《かみ》の子《こ》、仏《ほとけ》の子《こ》としての本質《ほんしつ》を人間《にんげん》の尊厳《そんげん》の根拠《こんきょ》と定《さだ》め、ここに新《しん》・日本国《にほんこく》憲法《けんぽう》を制定《せいてい》する。

宗教《しゅうきょう》を国の礎《いしずえ》とし、神仏《しんぶつ》を信じる国にする

現行《げんこう》の日本国憲法の前文《ぜんぶん》は、英語から訳《やく》したものであるため、非常《ひじょう》に分かりにくい悪文になっています。そこで、前文をもう少し簡潔《かんけつ》なものにしてみました。

現行の憲法においては、人間の尊厳であるとか、基本的人権《きほんてきじんけん》であるとか、主権在民《しゅけんざいみん》であるとか、いろいろなことを言っていますが、「なぜそうなのか」という根拠《こんきょ》は示《しめ》せていないと思います。それが当然のことであるように書いてあるだけで、その根拠が示せていないのです。

それを示しているのが本試案の前文です。第一条には、「信教の自

由」を入れたので、仏教《ぶっきょう》であれ、キリスト教であれ、日本神道《しんとう》であれ、イスラム教であれ、あるいは、その他《た》の新しい宗教《しゅうきょう》であれ、幸福の科学であれ、共通する内容《ないよう》を前文に持ってきました。

宗教的には、「神」と言う場合と、「仏」と言う場合の両方があるので、総称《そうしょう》として、通常《つうじょう》使われている「神仏《しんぶつ》」という言葉を用いることにしました。

「神仏の心を心とし」とありますが、はっきり言えば、「宗教国家としての立国を目指す」ということを示しているのです。

つまり、「宗教国家としての基盤《きばん》を持つ国になりたい」ということを言っており、「マルクス・レーニン主義的《しゅぎてき》な唯物論《ゆいぶつろん》を国是《こくぜ》として立つ国ではない」ということを、ここで明らかにしているわけです。

この宗教立国という立場は、イスラム教国では、ずばりそのとおりですが、キリスト教国でも、基本的には宗教立国なのです。キリスト教精神《せいしん》に基《もと》づいて国がつくられています。

例えば、アメリカは、メイフラワー号でアメリカに渡《わた》ったピューリタンたちの精神が国是となって、国家が出来上がっていますし、イギリスは、英国国教会に基づいて国家が成り立っています。そのほかにも、カトリックの国やプロテスタントの国など、いろいろありますが、宗教をもって国の礎《いしずえ》とすることは、よくあることなのです。

そこで、前文では、「唯物論の国にはしない」「神、仏を信じる国にする」ということを明らかにしています。

神の子、仏《ほとけ》の子としての本質《ほんしつ》が「人間の尊厳《そんげん》」の根拠《こんきょ》

そして、「日本と地球すべての平和と発展・繁栄を目指し、神の子、仏《ほとけ》の子としての本質《ほんしつ》を人間の尊厳《そんげん》の根拠《こんきょ》と定め、ここに新・日本国憲法を制定《せいてい》する。」と宣言《せんげん》しています。

「日本のみならず、地球すべての平和と発展・繁栄を目指す」ということで、国際《こくさい》社会における日本国民の責務《せきむ》について、前文で自覚させているのです。「一国平和主義、一国繁栄主義だけでは駄目《だめ》だ」ということです。

日本の平和や発展・繁栄を願うことは当然ではあるけれども、どちらかといえば、日本人は島国意識《いしき》が強く、「日本だけが平和であればよい」「日本だけが繁栄すればよい」という考えを持ちがちなので、あえて、「日本と地球すべての平和と発展・繁栄を目指す」ということを掲《かか》げ、「島国根性《こんじょう》から脱《だっ》して、真に国際社会へ参画する意識《いしき》を持て」ということを訴《うった》えています。

さらに、「神の子、仏の子としての本質を人間の尊厳の根拠と定め」と書いてあります。

日本神道やキリスト教では「神の子」でしょうし、仏教では「仏の子」ということになりますが、いずれにせよ、人間は、そうした至高《しこう》の存在《そんざい》から分かれてきた存在であり、「分《わ》け御魂《みたま》」なのです。これが「人間の尊厳」の根拠です。

キリスト教（旧約聖書《きゅうやくせいしょ》）では、「土の塵《ちり》から形づくられた身体に命の息が吹《ふ》き入れられて『生きる者』になった」（「創世記《そうせいき》」２・７）というように言っていますが、その「神が息を吹き込《こ》んで魂《たましい》になった」という部分が、神の子としての本質になるわけです。

日本神道においても、「人間の本質のなかには、魂の構造《こうぞう》として幾《いく》つかの要素《ようそ》があり、その中心部分には神的《しんてき》なものが宿っている」という考え方があります。

イスラム教においても、結局、「アッラーの下《もと》の平等」であって、アッラーの下での「絶対的《ぜったいてき》に服従《ふくじゅう》する者」としての信者、ムスリムのあり方を説いています。

他の諸宗派《しょしゅうは》もいろいろありますが、大まかに見て、基本的な部分、全宗教の共通項《こう》に当たるようなものは取り入れているつもりです。

神の子、仏の子としての本質を持っていることが、人間の尊厳の根拠であり、ここから基本的人権が発生するのです。

「人間は、神の子、仏の子である」ということを前文で宣言《せんげん》しているので、人間はそのように取り扱《あつか》われなければなりません。

例えば、「生まれによって身分が分かれており、ある職業《しょくぎょう》に就《つ》けたり就けなかったりする」という、カースト的な差別観のある世の中でもなく、あるいは、単に家柄《いえがら》や財産《ざいさん》だけの問題で人間が差別されるような世の中でもなく、「すべての人が、尊《とうと》い神仏の子としての本質を持っている」という平等性を、ここで提示《ていじ》しているわけです。

これを前文で書いている以上、「神仏の子としての平等が出発点であるのだ」ということを一種の社会規範《きはん》とし、常《つね》に原点に帰って考えなければいけないのです。

「神仏の子としての本質が人間の尊厳の根拠である」と定め、そして、「ここに新・日本国憲法を制定する。」と前文において宣言しました。

3　国の内外に「仏国土《ぶっこくど》ユートピア」を広げよ

〔第一条〕　国民《こくみん》は、和《わ》を以《もっ》て尊《とうと》しとなし、争《あらそ》うことなきを旨《むね》とせよ。また、世界平和実現《せかいへいわじつげん》のため、積極的《せっきょくてき》にその建設《けんせつ》に努力《どりょく》せよ。

第一条として、聖徳太子《しょうとくたいし》の「十七条憲法《じゅうしちじょうけんぽう》」の第一条に近い精神《せいしん》を持ってきました。「十七条憲法」の第一条は、日本の精神をつくったものの一つなので、これを持ってくることで、日本の「国是」というものが明らかになってくるだろうと思います。

「和を以て尊しとなし、争うことなきを旨とせよ。」とは、「平和、調和、寛容《かんよう》というものを基本的《きほんてき》な精神にしなさい」ということです。「国民は、争い事をあまり好むべきではなく、平和や秩序《ちつじょ》、安定、調和を旨とする社会を日本国のなかで求めなさい」ということを、まず挙げてあります。

国のなかで、内戦や、いろいろな争い事がたくさん起きるのは、好ましいことではありません。

また、「これは、ある意味で、行きすぎた競争社会になることを戒《いまし》めたものでもある」と考えなければなりません。「個人主義《こじんしゅぎ》が行きすぎて、あまりにも敵対意識《てきたいいしき》が強すぎるような国家にするつもりはない」ということです。

「また、世界平和実現のため、積極的にその建設に努力せよ。」と書いてあります。

これは、聖徳太子の時代にはなかったことでしょうが、現在《げんざい》の日本の国力に鑑《かんが》みると、やはり、世界へのさまざまな貢献《こうけん》ということを常《つね》に考えるべきでしょう。

国のなかにおいては、融和《ゆうわ》し、調和することが大事であり、国民が一致団結《いっちだんけつ》して、平和で幸福な社会をつくることを旨とすべきですが、ただ、一国のみの平和にとどまらず、世界平和の実現、その建設のために、積極的に努力しなければならないのです。

要するに、「世界の国々において、苦しんでいる人や困《こま》っている人、虐《しいた》げられている人、圧政《あっせい》や暴力《ぼうりょく》のなかで現《げん》に悩《なや》み苦しんでいる神の子、仏《ほとけ》の子を助けるべく、積極的な努力をしなさい。そうした仏国土《ぶっこくど》ユートピアを、国内のみならず、海外にも広めるべく、努力しなさい」ということです。

4 宗教性悪説《しゅうきょうせいあくせつ》を打破《だは》するために

〔第二条〕 信教《しんきょう》の自由《じゆう》は、何人《なんぴと》に対《たい》してもこれを保障《ほしょう》する。

現行憲法《げんこうけんぽう》は、実質上《じっしつじょう》、「信教の自由」を保障《ほしょう》していない

わりに早い段階《だんかい》で、「信教の自由」の条文《じょうぶん》を出しました。前文《ぜんぶん》も第一条も、かなり宗教的《しゅうきょうてき》な色彩《しきさい》を帯びているので、第二条に「信教の自由」を持ってきたのです。

「信仰《しんこう》を持つ自由」を誰《だれ》に対しても保障《ほしょう》するということです。条文としてはこれだけで、付帯条項《じょうこう》を付けることはやめました。

現行《げんこう》の憲法《けんぽう》には、付帯条項として、「政治《せいじ》と宗教を分離《ぶんり》せよ」「公教育から宗教を分離せよ」といった政教分離規定《きてい》がありますが、それによって、現実《げんじつ》には、宗教を社会の片隅《かたすみ》に追いやる力が働いていると、私は考えます。

例えば、日本国憲法第二十条を読むと、「信教の自由は、何人《なんぴと》に対してもこれを保障する。」という文言《もんごん》のあとに、「いかなる宗教団体《だんたい》も、国から特権《とっけん》を受け、又《また》は政治上の権力《けんりょく》を行使してはならない。」（第一項後段《こうこうだん》）、「何人も、宗教上の行為《こうい》、祝典、儀式《ぎしき》又は行事に参加することを強制《きょうせい》されない。」(第二項)、「国及《およ》びその機関は、宗教教育その他《た》いかなる宗教的活動もしてはならない。」(第三項)とあります。

この条文を素直《すなお》に読めば、宗教というものが非常《ひじょう》に日陰《ひかげ》の存在《そんざい》とされていることは明らかです。

最初にある、「信教の自由は、何人に対してもこれを保障する。」ということはよいのですが、例外規定が多すぎます。これだけ例外を設《もう》けられたら、信教の自由を保障していないのとほとんど変わらなくなります。

「宗教団体は、国から特権を受けたり、政治上の権力を行使したりしてはならない」ということになると、第二十一条の「結社の自由」は、宗教団体にはまったく適用《てきよう》されないかのごとくになりますし、「言論《げんろん》・出版《しゅっぱん》の自由」等に制約《せいやく》がかかるようにも読めます。

また、人間平等の原則《げんそく》からいって、「その人の職業《しょくぎょう》によっては政治家になれない」ということがあってはいけないはずです。「漁業をやっていても、農業をやっていても、政治家になれるのに、宗教家であれば政治家になれない」ということならば、これは明らかにおかしいと思います。

むしろ、宗教家は普通《ふつう》の人よりも見識《けんしき》が高いことが多いのです。精《せい》神修養《しんしゅうよう》を積んだ「大人を教えられる教師《きょうし》」が数多くいるのが、宗教の世界なので、政界《せいかい》の浄化《じょうか》ということを考えるならば、こういう規定は、かえって有害無益《むえき》であると考えます。

現行憲法の第二十条は、無神論《むしんろん》・唯物論《ゆいぶつろん》を助長している

第二項には、「何人も、宗教上の行為、祝典、儀式又は行事に参加することを強制されない。」とありますが、このようなことをわざわざ憲法で定めることの背景《はいけい》には、宗派《しゅうは》を統一《とういつ》した宗教や、ある程度《ていど》の大きな規模《きぼ》の宗教が、存在できないようにする意図があるようにも見えます。

また、このような書き方をすれば、無神論《むしんろん》・唯物論《ゆいぶつろん》を助長する傾向《けいこう》が出てくるでしょう。

例えば、「信じる自由もあるが、信じない自由もあるのだ。信教の自由のなかには、〝信仰しない自由〟だってあるのだ」と言って開き直る人もいます。

しかし、それは、あくまでも、「無神論」という宗教、「無宗教」という宗教を信じているにしかすぎないのです。このような、消極的な自由にしかすぎないものを、積極的な権利《けんり》として制定《せいてい》すべきではないと私は思います。

宗教の存在を無視《むし》したり否定《ひてい》したりする行為を、積極的な権利として認《みと》めると、基本的《きほんてき》には、信教の自由がないのと同じ方向へ向かっていくことになるのです。

「どの宗教がよいか」は〝自由市場〟に任《まか》せるべき

さらに、第三項では、「国及びその機関は、宗教教育その他いかなる宗教的活動もしてはならない。」とありますが、この条文があるため、学校教育においては、宗教を〝いけないもの〟として腫《は》れ物に触《さわ》るように扱う傾向が長らく続いています。

また、マスコミは、「国及びその機関」ではないはずなのに、「マスコミは宗教教育その他いかなる宗教的活動もしてはならない」という倫理規範《りんりきはん》を持っているように、私には見えます。

マスコミは自分たちのことを「国及びその機関」のつもりでいるら

しく、報道《ほうどう》協定を結んで、「宗教に有利にならないように報道する」ということを一貫《いっかん》して行っているようです。

そのため、「宗教については、事件《じけん》を起こしたとき以外は報道しないか、社会的事象にかかわる必要最小限《さいしょうげん》のことだけを報道する」という姿勢《しせい》を持っているように見えます。基本的に、宗教に対しては性善《せいぜん》説《せつ》の立場ではないのです。

この条文が、そこまで悪い影響《えいきょう》を及ぼしているわけです。

教育界とマスコミ等の言論界の両方において、宗教に対する性悪説が支配していては、健全な宗教が大をなすことはできません。それは、「宗教自体が、国民を啓蒙《けいもう》する力を持っている」ということを認めていないのと同じであると私は思います。

したがって、単純《たんじゅん》に、「信教の自由は、何人に対してもこれを保障する。」と規定するだけで十分です。

宗教はたくさんあるので、「どの宗教がよいと思うか」ということについては、宗教の〝自由市場〟に任《まか》せればよいのです。

それぞれの宗教が、自分たちの教義《きょうぎ》の宣伝《せんでん》、流布《るふ》を行い、「どの宗教に属《ぞく》することが人間を本当に幸福にするか」ということを自由に競争すべきです。その競争の結果、多数の支持《しじ》を得られたところが、多くの信仰を集めることになります。

そのように、宗教間において自由競争と淘汰《とうた》が行われていくだろうと思います。社会に害を与《あた》える宗教、あるいは、教団《きょうだん》のなかで人を殺したりするような宗教などが、淘汰されていくのは当然のことです。宗教の〝自由マーケット〟に任せたほうがよいのです。

5 議院内閣制《ないかくせい》を廃《はい》し、「大統領制《だいとうりょうせい》」へ

〔第三条〕　行政《ぎょうせい》は、国民投票《こくみんとうひょう》による大統領制《だいとうりょうせい》により執行《しっこう》される。大《だい》統領《とうりょう》の選出法及《せんしゅつほうおよ》び任期《にんき》は、法律《ほうりつ》によってこれを定《さだ》める。

国政《こくせい》の乱《みだ》れや行政効率《ぎょうせいこうりつ》の悪さの根源《こんげん》は「議院内閣制」

基本的人権《きほんてきじんけん》の部分は前文《ぜんぶん》から第二条までで終わり、第三条からは統《とう》治《ち》の機構《きこう》に入っていきます。

今の国政《こくせい》の乱《みだ》れや行政効率《ぎょうせいこうりつ》の悪さの根源《こんげん》は、どこにあるかと考えると、その根本《こんぽん》にあるのは議院内閣制《ないかくせい》だと思います。

議会で多数を占《し》めなければ、自分たちの党《とう》から総理大臣《そうりだいじん》を選出できません。そのため、選挙で勝つことが第一目的となり、立法者であるべき国会議員たちは、とにかく選挙対策に邁進《まいしん》しています。

彼らは、本当は勉強もしなければいけないのですが、とにかく選挙で勝つことに専念《せんねん》しなければなりませんし、党内でも多数派《たすうは》工作のための派閥抗争《はばつこうそう》が尽《つ》きないでいるのです。

そして、国会議員のなかから選ばれる内閣総理大臣は、基本的に、「行政の長としての適正《てきせい》な資質《ししつ》を持っているかどうか」ということよりは、「選挙の顔として使えるかどうか」ということで選ばれていることのほうが多いのです。

したがって、三権分立《さんけんぶんりつ》の立場から見ると、この議院内閣制は、やはり、一定の非効率性《ひこうりつせい》を生んでいると言わざるをえません。

問題は、「実質上《じっしつじょう》、国会と内閣は一体である」ということです。それが非効率を生んでいます。要するに、国会が、行政の長である内閣総理大臣および内閣の足を引っ張り《ぱ》、縛《しば》っているのです。

また、内閣に官僚《かんりょう》を統制《とうせい》する力がないため、政治家《せいじか》は、「官僚の権力《けんりょく》が肥大化《ひだいか》して困《こま》る。何とか、これを削減《さくげん》しよう」「官僚が問題だ」などと、しきりに言っています。そういう見方もあるでしょうが、

「選挙での数合わせを一生懸命《いっしょうけんめい》にやっている政治家では、専門《せんもん》の勉強を続けている官僚に勝てないでいる」という現状《げんじょう》もあると思うのです。

間接民主制《かんせつみんしゅせい》はメディアが発達していない時代の産物

今の制度《せいど》は、間接民主制《かんせつみんしゅせい》あるいは代表民主制という言葉で表されるように、「国民が国会議員を選び、その選ばれた国会議員による投票で、総理大臣が選ばれる」というものです。

これには、義務《ぎむ》教育が普及《ふきゅう》しておらず、多くの国民がまだ活字を読めなかった時代の思想も反映《はんえい》されています。

すなわち、「『この人が国の行政の長になるのにふさわしい』という資質《ししつ》を見るだけの目を、国民は持っていないだろう」という思想が反映されているのです。

しかし、これは、現代《げんだい》のように、テレビや新聞、ラジオ、インターネットなどの媒体《ばいたい》が発達することを予想していない時代、また、交通機関も限《かぎ》られていて、その人のあり方をそれほど知ることのできない時代の産物だと思います。

アメリカの大統領制にも、やはり、同じような面はあります。あれだけ大きな国であるため、昔は、遊説《ゆうぜい》して回るだけでも大変な時間がかかり、候補者《こうほしゃ》が有権者《ゆうけんしゃ》に顔を知ってもらうことも、なかなかできなかったのでしょう。そのため、選挙にずいぶん時間をかけ、さらに、「大統領選挙人を選んで、その人たちに投票してもらう」というかたちをとっているわけです。

直接《ちょくせつ》投票で行政《ぎょうせい》の長を選ぶほうがよい

今の時代においては、直接《ちょくせつ》投票で行政《ぎょうせい》の長を選ぶほうが、権力の基《き》盤《ばん》はより強固なものになると思いますし、民主主義の基本的な考え方からいっても、そうあるべきだと思うのです。そうしないと、国民が本当に望んでいる人が選ばれない状況《じょうきょう》が生まれてくるわけです。

例えば、「国会で多数派を形成できる者が行政の長になれる」ということであれば、派閥《はばつ》のボス的な人、金権《きんけん》政治家などが非常《ひじょう》に生まれやすい状況になると思われますし、そうした、永田町《ながたちょう》で人気や権力のある人、権謀術数《けんぼうじゅっすう》に長《た》けた人が行政の長になることもあると言えます。

ただ、国民の直接投票で行政の長を選ぶとなると、「タレントのような人が、総理大臣、あるいは大統領になるのではないか」というおそれも一部あるかとは思います。

しかし、国民はそれほど愚《おろ》かではないと私は信じています。

実際《じっさい》、現在《げんざい》でも、都道府県知事等は、この第三条の大統領制と同じ仕組みで直接に選ばれていますが、それで特に支障《ししょう》があるとは思われません。

「国会議員から間接的《かんせってき》に総理大臣を選ぶ」というような方法では、

絶対《ぜったい》に選ばれないと思われるような人も、知事選等では選ばれることがあります。

しかし、それで県政《けんせい》等が悪くなっているかというと、意外なことに、必ずしも悪くなっているわけではありません。そして、「そういう人でも、本当に県民のことを考え、一生懸命に頑張《がんば》る人の場合には、支《し》持率《じりつ》も非常に高い」ということが現実《げんじつ》にあるのです。

国民は政治家について、「自分たちを害するか、害しないか」というようなことを、本能的《ほんのうてき》に判断《はんだん》する能力《のうりょく》を持っていると考えてよいのではないでしょうか。

このように、国民投票による大統領制を実現《じつげん》すると、立法府と行政府とが分離《ぶんり》されて、理想的な三権分立のかたちになるのです。

任期《にんき》が長くないと、大事業を成《な》し遂《と》げるのは難《むずか》しい

そして、「大統領の選出法及び任期《にんき》は、法律によってこれを定める。」と書きました。

私は、「今の日本の総理大臣のように、一年や二年ぐらいでコロコロと替《か》わるのでは、何一つ事業を成《な》し遂《と》げることはできない」と感じています。

長期政権《せいけん》というと、最近では、小泉内閣《こいずみないかく》が五年五カ月、中曽根《なかそね》内閣が五年です。戦後の最長は佐藤内閣の七年半です。そのあたりが長いところで、あとは必ずしも長くはないのです。

議院内閣制というかたちで内閣と国会との連動制を採《と》るとどうなるかといえば、総理大臣になりたい人は多いので、そういう人たちが現総理を引きずり降《お》ろしにかかったりします。

また、解散権《かいさんけん》を巡《めぐ》ってマスコミが介入《かいにゅう》してくるので、「支持率が下がった」などと言われたら、総理を辞《や》めなくてはいけなくなったりもします。

そのようなことがあるため、議院内閣制は、内閣が大きな事業を成し遂げるには、残念ながら、あまり適切《てきせつ》な制度《せいど》ではないように思われます。行政の長が、国民から直接に選ばれて、一定の任期をもらうほうが、やはり、落ち着いて仕事ができるのではないかと思います。

今の国家の事業においては、ある程度《ていど》の期間は必要になるのです。任期の参考になるものを挙げると、外国の大統領の場合は、「一期が四年から五年で、二期まで」というところが多いようです。また、日本の大会社の社長等の場合には、だいたい六年ぐらいで交代することが多いと言えます。「そのくらいは務《つと》めないと、何らかの改革《かいかく》なり方針転換《ほうしんてんかん》なりをするのは、やはり難《むずか》しい」ということでしょう。

四年から六年という数字を挙げましたが、大統領の任期に関しては、この辺を考えた上で、法律によって定めるべきだと思います。

私は、一期五年ぐらいをめどとして、二期十年ぐらいまではできるかたちがよいと思います。

五年で一区切りとするのは、もし能力がなかった場合には、そのくらいで辞めてもらわなくてはいけないからです。

能力がある人の場合は、十年ぐらいかけると、国の制度をそうとう変えていくだけの力が出てきます。十年あれば、かなりの期間を見て仕事ができますし、「国会から無駄《むだ》な追及《ついきゅう》を受けて行政に専念できない」ということも少なくなると思います。

三権《さんけん》のなかで大統領《だいとうりょう》が最も力を持つようにすべき

日本国憲法では、第四十一条に、「国会は、国権《こっけん》の最高機関であって、国の唯一《ゆいいつ》の立法機関である。」という文言があります。

これは、政治的美称説《びしょうせつ》とも言われていますが、今は、その〝最高機関〟が、非常に品のない野次を飛ばす人の集まりになっています。また、多数の党派や派閥が入り乱れて政争《せいそう》ばかり繰《く》り広げているので、決して、それほど、ほめたたえるべき存在ではないように思われます。

今の議院内閣制では、「国会と内閣の意見が違《ちが》う場合には、総理大臣は解散権でもって対抗《たいこう》する」というスタイルになっているわけですが、政治的には非常に不安定な状況が生まれています。

したがって、国民投票で直接に選ばれる大統領制《だいとうりょうせい》によって、行政を立法から独立《どくりつ》させる必要があります。そうすれば、三権のなかでは、大統領が、事実上、最も力を持つようになると思います。

これからの時代には、「国家の改造《かいぞう》をなす」「他国との戦争に巻《ま》き込《こ》まれるような事態《じたい》があったときに、それに対応《たいおう》する」というようなことは、行政府の長に強い権限《けんげん》がなければ無理です。国会で決めようとすると、紛糾《ふんきゅう》して何も決まらない状況《じょうきょう》になると思うのです。

6　大統領《だいとうりょう》を「国家元首」と明記すべし

〔第四条〕　大統領《だいとうりょう》は国家《こっか》の元首《げんしゅ》であり、国家防衛《こっかぼうえい》の最高責任者《さいこうせきにんしゃ》でもある。大統領《だいとうりょう》は大臣《だいじん》を任免《にんめん》できる。

天皇《てんのう》ではなく、国民から選ばれた人を「国家元首」に

現行憲法《げんこうけんぽう》では、「国家の元首が誰《だれ》であるか」ということは、はっきりしていません。天皇《てんのう》であるのか、内閣総理大臣《ないかくそうりだいじん》であるのか、よく分からないのです。

立場は天皇のほうが上のように見えていて、内閣は天皇の行為《こうい》に対して助言と承認《しょうにん》を与《あた》えることになっています。

要するに、「君主が上にいて、その下に、臣下である宰相《さいしょう》がいる」という感じでしょうか。「君主は、〝お飾《かざ》り〟でよいから、とにかく口を出してくれるな。内閣が実質上《じっしつじょう》は全部を決めるけれども、君主が決めたように見せたい」ということのように見えます。

これは、「暗愚《あんぐ》な君主が出てきたとき、実質的なことは臣下が行い、君主には、いわば判子《はんこ》だけを押《お》してもらう」というような制度《せいど》です。そういう制度が出来上がっているのです。

これも〝歴史の智慧《ちえ》〟といえば智慧なのかもしれませんが、「民主《みんしゅ》主義《しゅぎ》とは基本的《きほんてき》に相容《あいい》れないものだ」と思います。国王制もしくは君主制の一種であることは間違《まちが》いがないでしょう。

一方、「国家元首を国民が直接《ちょくせつ》に選べる」ということは、まさに、「主権在民《しゅけんざいみん》」ということであり、国民に権利《けんり》を与えることになります。「元首が国民全員のなかから選ばれる」ということがよいと思います。

そして、国民投票で選ばれた元首であるからこそ、国家防衛の最高責任者ともなれるのです。国民は、自分たちの生命・安全・財産《ざいさん》等を、投票によって、その人に委任《いにん》したわけです。そういう人が元首であるべきだと思います。

大臣には国会議員以外からも「賢人《けんじん》」を多く集めよ

各省庁《しょうちょう》は、新しくできたり、統廃合《とうはいごう》されたりして、いろいろと変動するので、大臣等については、この新憲法では特に定めません。「必要に応《おう》じて各省庁をつくり、大臣を任命《にんめい》したり罷免《ひめん》したりすることができる」ということでよいと思います。

また、「大臣が国会議員から選ばれるかどうか」ということは特に書いていないので、それについては法律《ほうりつ》等で定めてかまわないと思います。

今の憲法では、大臣について、「その過半数《かはんすう》は、国会議員の中から選ばれなければならない。」（第六十八条）となっています。しかし、大臣になりたい国会議員は大勢《おおぜい》いるため、現実《げんじつ》には、国会議員以外の人が大臣になるケースは稀《まれ》であり、「一人か二人、入るか入らないか」という状態《じょうたい》です。国会議員以外の大臣が内閣に一人いればよいほうなのです。

しかし、民間によい人がいたら、その人を大臣に据《す》えてもよいと私は思います。

能力《のうりょく》があって民間で力を発揮《はっき》している人のなかには、実は、選挙戦など面倒《めんどう》くさくてやりたくない人が数多くいます。そういう人の場合、重要な仕事に就《つ》いていたりしているため、街宣車《がいせんしゃ》に乗っての演説《えんぜつ》など、していられないことも多いのです。

大統領は、国会議員以外からも、「これは」と思う人、国家に必要な「賢人《けんじん》」を求めるべきだと思います。大統領には、自分を補佐《ほさ》する役を任命する権限《けんげん》を与えないといけないでしょう。適性《てきせい》のある人を選べるようにしてあげたほうがよいと思います。

大臣の一部は国会議員でもよいと思うのですが、「その比率《ひりつ》をどうするか」ということについては、法律等に委《ゆだ》ねてもよいでしょう。

7 「国防《こくぼう》と治安」こそが政府《せいふ》の責務《せきむ》

〔第五条〕 国民《こくみん》の生命《せいめい》・安全《あんぜん》・財産《ざいさん》を護《まも》るため、陸軍《りくぐん》・海軍《かいぐん》・空軍《くうぐん》よりなる防衛軍《ぼうえいぐん》を組織《そしき》する。また、国内《こくない》の治安《ちあん》は警察《けいさつ》がこれにあたる。

永世《えいせい》中立国のスイスでさえ軍隊を持っている

今の憲法《けんぽう》は、第九条の問題で、いろいろと揺《ゆ》れていますが、私の試案には、「国民の生命・安全・財産を護るため、陸軍・海軍・空軍よりなる防衛軍を組織する。」と、はっきり書いてあります。

これに対して、日本国憲法の第九条を見ると、「日本国民は、正義と秩序《ちつじょ》を基調《きちょう》とする国際《こくさい》平和を誠実《せいじつ》に希求《ききゅう》し、国権《こっけん》の発動たる戦争と、武力《ぶりょく》による威嚇又《いかくまた》は武力の行使は、国際紛争《ふんそう》を解決《かいけつ》する手段《しゅだん》としては、永久《えいきゅう》にこれを放棄《ほうき》する。」（第一項《こう》）、「前項の目的を達するため、陸海空軍その他《た》の戦力は、これを保持《ほじ》しない。国の交戦権は、これを認《みと》めない。」（第二項）とあります。

これは、完全に、武器《ぶき》を取り上げられて、戦争を放棄し、占領軍《せんりょうぐん》に丸裸《まるはだか》にされた状態《じょうたい》です。この条文《じょうぶん》からは、占領され、武装解除《ぶそうかいじょ》をされ

料金受取人払郵便

荏原支店承認

364

差出有効期間
平成22年9月
30日まで
(切手不要)

1 4 2 - 8 7 9 0
4 5 6

東京都品川区
戸越1丁目6番7号

幸福の科学出版(株)
愛読者アンケート係 行

フリガナ お名前	男 ・ 女	歳
ご住所 〒 都道府県		
お電話 (　　　) —		
e-mail アドレス		
ご職業 ①会社員 ②会社役員 ③経営者 ④公務員 ⑤教員・研究者 ⑥自営業 ⑦主婦 ⑧学生 ⑨パート・アルバイト ⑩他 (　　)		

ご記入いただきました個人情報については、同意なく他の目的で使用することはございません。ご協力ありがとうございました。

愛読者プレゼント☆アンケート

新・日本国憲法 試案』のご購読ありがとうございました。今後の参考とさせ
こいただきますので、下記の質問にお答えください。抽選で幸福の科学出版
つ書籍・雑誌をプレゼント致します。(発表は発送をもってかえさせていただきます)

1 本書をどのようにお知りになりましたか。

①新聞広告を見て [朝日・読売・毎日・日経・産経・東京・中日・その他 (　　　　)]
②雑誌広告を見て (雑誌名　　　　　　　　)
③交通広告を見て (路線名　　　　　　　　)
④書店で見て　⑤人に勧められて　⑥月刊「ザ・リバティ」を見て
⑦月刊「アー・ユー・ハッピー?」を見て　⑧幸福の科学の小冊子を見て
⑨ラジオ番組「天使のモーニングコール」を聴いて
⑩幸福の科学出版のホームページを見て　⑪その他 (　　　　)

2 本書をお求めの理由は何ですか。

①書名にひかれて　②表紙デザインが気に入った　③内容に興味を持った
④幸福の科学の書籍に興味がある　★お持ちの冊数　　　冊

3 本書をどちらで購入されましたか。

①書店 (書店名　　　　　　) ②インターネット (サイト名　　　　　)
③その他 (　　　　　　)

4 本書へのご意見・ご感想、また今後読みたいテーマを教えてください。

(なお、ご感想を匿名にて広告等に掲載させていただくことがございます)

5 今後、弊社発行のメールマガジンをお送りしてもよろしいですか。

はい (e-mailアドレス　　　　　　　　) ・ いいえ

6 今後、読者モニターとして、お電話等でご意見をお伺いしてもよろしいですか。(謝礼として、図書カード等をお送り致します)

はい ・ いいえ

て、お手上げ状態になっているような国の姿《すがた》が見えてきます。まさに、「二度と武器を持って立ち上がるなかれ」と言われているような状態なのです。

諸《しょ》外国も同じ状況《じょうきょう》であるなら、これでも別にかまわないとは思います。しかし、こういう状況の国は日本以外にはないのです。

現時点《げんじてん》で「永世中立《えいせい》」を謳《うた》っているスイスであっても、それなりの戦力は、きちんと持っています。

スイスは、ヨーロッパの小国なので、歴史的に何度も侵略《しんりゃく》の危機《きき》に遭《あ》ってきました。そのため、自国が侵略されると見たときには戦う体《たい》制《せい》ができていて、随時《ずいじ》、戦力を整えています。

日本人は、憲法九条に関する議論《ぎろん》のなかで、「スイスが『永世中立』を守っているように、日本は『非武装中立』でいけるのではないか」ということを言いがちなのですが、スイスには軍隊がきちんとあるので、それは違《ちが》うのです。

「戦争をしない」ということと、「一切《いっさい》、武力を持たない」ということは、同じではありません。「武力を持っていない」ということは、「戦争をしない」ではなくて、「戦争ができない」ということを意味しているのです。

また、憲法九条の第二項では、「陸海空軍その他の戦力は、これを保持しない。」となっています。

「自衛隊《じえいたい》は軍ではない」という言い方もありますが、九条の条文の「その他の戦力」のなかには自衛隊も本当は入るのかもしれません。また、海上保安庁《ほあんちょう》も「その他の戦力」に入っている可能性《かのうせい》はあります。海上保安庁の巡視船《じゅんしせん》も、海賊船《かいぞくせん》ぐらいは撃退《げきたい》できるので、戦力といえば戦力なのです。

憲法《けんぽう》九条が正しければ、刑法《けいほう》も憲法違反《いはん》になる

刑法《けいほう》では「正当防衛《せいとうぼうえい》」や「緊急避難《きんきゅうひなん》」というものが認められていますが、もし憲法《けんぽう》九条の考え方が基本的《きほんてき》に正しくて、「憲法の精神《せいしん》に反する法律《ほうりつ》は存在《そんざい》できない」ということであれば、刑法における正当防

衛や緊急避難も成立せず、「いかなる場合においても、他人に害を与《あた》えてはならない」ということになるはずです。

おそらく、「たとえ強盗《ごうとう》に襲《おそ》われても、抵抗《ていこう》するなかれ。たとえ命を奪《うば》われても、反撃《はんげき》してはならない」ということになるでしょう。まるでキリスト教のようですが、「殴《なぐ》られても、殴り返してはいけない」ということになると思います。

刑法では、正当防衛として、相手の攻撃《こうげき》に匹敵《ひってき》するような反撃が認められていて、「殴ってきたら殴り返す」「蹴《け》ってきたら蹴り返す」ぐらいは、かまわないことになっています。

また、ナイフやピストルなどで命を狙《ねら》われた場合には、こちらも、向こうが命を落とすかもしれない程度《ていど》の防衛をしてもかまわないのです。相手がナイフで襲ってきたとき、手元に台所用のナイフがあり、それで相手を刺《さ》して殺してしまったとしても、過剰《かじょう》防衛でなければ、基本的に罪《つみ》にはならないわけです。

刑法では、そういうことが認められているのですが、「憲法に違反《いはん》する法令は存在できない。無効《むこう》である」ということならば、刑法も無効になる可能性は十分にあると思います。

いくら憲法学者がうまく言い繕《つくろ》っても、現時点での自衛隊は、世界第七位の額《がく》の軍事費を予算として計上していますし、世界各国からは、「セルフ・ディフェンス・フォース」（自衛軍）として、はっきりと認《にん》定《てい》されています。しかし、それは、現行憲法下においては、本当は、あってはならない存在のはずなのです。

したがって、正直に、憲法改正をすべきであると思います。自衛隊法を制定《せいてい》して、何とか存在させてはいますが、自衛隊法自体が憲法に反するのであれば、その法律自体が無効になってしまう可能性があるのです。一時しのぎとしては、そういうことがあったとしても、やはり、きちんと基本から直すべきだと思います。

戦後日本の平和は「日米安保《あんぽ》」で護《まも》られた

日本国憲法は占領下の憲法なので、国家の主権《しゅけん》という点において非《ひ》常《じょう》に問題があります。憲法九条は国家の主権と非常に密接《みっせつ》にかかわっているのです。

国家には、「領土《りょうど》」「国民」「主権」という三つの要素、「国家の三要《よう》素《そ》」があると言われていますが、この九条の規定《きてい》は「主権の放棄」と同じことになっていると思います。

日本人は、戦後、「憲法が主権を放棄して、これが日本の平和を護《まも》ったのだ」というような考え方で、ずっと洗脳《せんのう》されているわけですが、「主権を放棄すれば平和になる」と言うことは、「敵《てき》の監獄《かんごく》のなかに入れば、もう襲われることはない」と言っていることに近いかもしれません。

現実《げんじつ》には、日本は、憲法九条によって平和を護れたわけではなく、日米安保条約《あんぽじょうやく》によって護られたのだと私は考えています。

ところが、現在《げんざい》は、アメリカの民主党政権側《みんしゅとうせいけんがわ》の要人でさえ、「民主党の鳩山《はとやま》氏の主張《しゅちょう》どおりでいけば、日米安保条約は危《あぶ》なくなる」というようなことを言っているぐらいなので、本当に日本の国が護れなくなる寸前《すんぜん》というか、危機《きき》が目前に迫《せま》っていると考えてよいと思います。

憲法《けんぽう》九条自体が、実は〝憲法違反《いはん》〟である

また、「憲法《けんぽう》九条自体が、実は憲法違反《いはん》である」という意見もあります。これは私だけの意見ではなく、実際《じっさい》に学説としてあるのです。

「国家の主権を認めない憲法などありえない。九条自体が憲法に違反している」という考えが現実にあるわけです。

そういう意見がある一方で、「憲法九条は日本国憲法の代表である」というような考え方も、戦後は長らく言われていました。

このように判断《はんだん》に迷《まよ》うときは、やはり、中道《ちゅうどう》に戻《もど》し、「白紙の目で見て、どうなのか」ということを考えるべきだと私は思います。

世界各国の情勢《じょうせい》が日本と同じようなものであり、日本が〝憲法九条体制〟のような国に囲まれているのならば、軍隊は別に必要ないと思います。しかし、現時点では、そうとは言えないのです。

私は、「国民の生命・安全・財産を護るため、陸軍・海軍・空軍よりなる防衛軍を組織《そしき》する。」と書き、「防衛」という言葉をはっきり使いました。「また、国内の治安は警察がこれにあたる。」とも書きました。これは「小さな政府」の代表的機能《きのう》を例示《れいじ》しています。

小さな政府の機能は、国防と治安ぐらいであると言われています。「大きな政府」になっていくと、いくらでも機能が増《ふ》えていくのですが、小さな政府においては、国防と警察が代表的な機能なので、この第五条は、それを暗示《あんじ》している条文でもあるのです。

8　行政効率《ぎょうせいこうりつ》を悪くしている「二院制《せい》」

〔第六条〕

大統領令《だいとうりょうれい》以外《いがい》の法律《ほうりつ》は、国民《こくみん》によって選《えら》ばれた国会議員《こっかいぎいん》によって構成《こうせい》される国会《こっかい》が制定《せいてい》する。国会《こっかい》の定員及《ていいんおよ》び任《にん》期《き》、構成《こうせい》は、法律《ほうりつ》に委《ゆだ》ねられる。

現行《げんこう》の憲法《けんぽう》では「二院制《せい》」の廃止《はいし》は難《むずか》しい

この第六条では、実は「二院制《せい》」について触《ふ》れていません。「国会は衆議院《しゅうぎいん》と参議院の二院で構成される」とは書いていないのです。

現行《げんこう》の憲法《けんぽう》では、憲法改正について次のように書かれています。

「この憲法の改正は、各議院の総《そう》議員の三分の二以上の賛成《さんせい》で、国会が、これを発議《ほつぎ》し、国民に提案《ていあん》してその承認《しょうにん》を経《へ》なければならない。この承認には、特別の国民投票又《また》は国会の定める選挙の際行《さいおこな》はれる投票において、その過半数《かはんすう》の賛成《さんせい》を必要とする。」（第九十六条）

この条文では、「参議院議員が、自分たちの所属《しょぞく》する参議院の廃止《はいし》に賛成するかどうか」ということを考えてみると、憲法改正は非常《ひじょう》に難《むずか》しいのではないかと思います。

「参議院の廃止は、全参議院議員の三分の二以上の賛成がなければ提案できない」ということなので、実際上《じっさいじょう》、ほぼ不可能《ふかのう》です。「自分たちの〝クビ切り〟を自分たちでする」ということは難しいことです。その意味で、参議院の廃止に関しては、日本国憲法は〝本当の硬性《こうせい》憲法〟だと言えます。

二院制を廃止すること自体は、かなり困難《こんなん》であると思います。もし廃止できるとすれば、国家が破産《はさん》する以外に方法はないでしょう。国家が破産して国会議員に歳費《さいひ》を払《はら》えない場合は、自動的に参議院議員も無職《むしょく》になるので、その場合は廃止の可能性がないとは言えませんが、正当な手続きでは廃止が行われないと思います。

新憲法《けんぽう》は参議院があってもなくても対応《たいおう》できる

以上のことを踏《ふ》まえて、私はあえて「衆議院」「参議院」という名《めい》称《しょう》を挙げることなく第六条をつくりました。

実は、そういう〝縄抜《なわぬ》け〟をしていて、参議院はあってもなくても、どちらでもいいようにしてあるのです。

参議院が必要であれば、つくってもよいと思います。「衆議院だけでは、どうしても信用できない。やはり、二院制によって慎重《しんちょう》に検討《けんとう》すべきだ」ということであれば、参議院を法律によってつくることも可能です。

しかし、盲腸《もうちょう》のように必要がないものだと考えるならば、参議院を廃止することもできるわけです。

あるいは、「衆議院の当選者のなかで得票率の高かった上位二割《わり》の議員が、必要な場合に、参議院議員に代わって何らかの役割を果たす」ということもありうるかもしれません。

そういうことも考えて、第六条では、「衆議院」「参議院」という名称を出さずに、「国会議員」とだけ書いておきました。

その国会議員の内容《ないよう》については、参議院がある場合も、ない場合もありうるわけです。これは、「今後の政治体制の必要に応じて考えればよい」ということであり、どちらでも行けるようにしてあります。

このようにしておかないと、憲法の改正は不可能であると、だいたい見ています。

衆議院《しゅうぎいん》の解散《かいさん》をなくし、国会議員を任期制《にんきせい》に

現在《げんざい》の二院制は、行政効率を非常に妨《さまた》げるものになっていると思います。

例えば、衆議院《しゅうぎいん》と参議院において、違《ちが》う人を首相に指名したりしています。また、与党《よとう》に対して必ず反対をする野党勢力《せいりょく》が参議院の多数を占《し》めている場合には、国会がほとんど機能せず、法案が通らないため、行政の遅滞《ちたい》を生む状態《じょうたい》が長らく続いています。

このような状態は、あまり望ましくはありません。「民意を反映《はんえい》する」ということであれば、投票で選ばれた国会議員で構成する一つの議会で決めてもよいのではないかと思います。

その一方で、今回の新憲法では、「首相による衆議院の解散《かいさん》」という制度を外しました。「衆議院を解散したときに政治的な空白期間ができるので、参議院が必要である」という論理《ろんり》があるため、この解散の制度を外したのです。

要するに、衆議院議員は任期制《にんきせい》にします。四年なら四年で結構ですが、その四年の任期を全《まっと》うできるようにするわけです。解散の制度を外してしまえば、「参議院が必要である」という理由は事実上なくなります。

もし、任期満了《まんりょう》による選挙期間中に北朝鮮《きたちょうせん》からミサイルが飛んできた場合などは、例えば、前述《ぜんじゅつ》したように、上位当選した二割の議員が集まって臨時《りんじ》参議院のようなものを形成し、国政の判断《はんだん》をしてもよいと思います。これによって、万一《まんいつ》のときの危機対応はできるので、通常は衆議院だけでかまわないと思います。

特に今、衆議院の解散があることによって、マスコミが政治《せいじ》を非常に操作しやすくなっているため、マスコミ権力《けんりょく》の増大《ぞうだい》が危惧《きぐ》されています。また、マスコミに迎合《げいごう》するタイプの政治家も増えています。

したがって、国会議員に一定の任期を保障《ほしょう》し、きちんと仕事に専念《せんねん》できるようにしたほうがよいと私は思います。

「きちんと投票によって選ばれる」ということであれば、民意は反映されます。少なくとも、今の国会のように、首相が一年で替《か》わるような状態が続くことは、望ましいことではありません。

9 「最高裁長官《さいこうさい》」の新たな役割《やくわり》

〔第七条〕　大統領令《だいとうりょうれい》と国会《こっかい》による法律《ほうりつ》が矛盾《むじゅん》した場合《ばあい》は、最高裁長官《さいこうさいちょうかん》がこれを仲介《ちゅうかい》する。二週間以内《にしゅうかんいない》に結論《けつろん》が出《で》ない場合《ばあい》は、大統領令《だいとうりょうれい》が優先《ゆうせん》する。

大統領令と国会による法律が矛盾する場合はあると思います。

大統領は国民によって直接《ちょくせつ》選ばれるので、大統領が政党《せいとう》をつくって国会に一定の勢力《せいりょく》を形成する場合でも、その政党の考え方に必ずしも縛《しば》られているわけではありません。国会の多数派《は》の意見と大統領の意見とが必ずしも一致《いっち》するとは限《かぎ》らないので、そういう場合には、「最高裁長官がこれを仲介する。」ということです。

次の第八条に書いてありますが、最高裁長官も、いちおう民主制《みんしゅせい》を取り入れ、投票によって選ぶことにしているので、民意が反映《はんえい》されることにはなっています。

要するに、官僚的《かんりょうてき》に出世して最高裁長官になるような制度にはしないつもりです。

また、「二週間以内に結論が出ない場合は、大統領令が優先する。」

とあります。

核《かく》ミサイルが飛んでくるような緊急《きんきゅう》の場合には、結論を出すのに二週間以上もかけていられないので、そうした際《さい》には、「大統領令が優先する」と考えてよいと思います。

10 最高裁《さいこうさい》長官には徳望《とくぼう》のある人物を

〔第八条〕

裁判所《さいばんしょ》は三審制《さんしんせい》により成立《せいりつ》するが、最高裁長官《さいこうさいちょうかん》は、法律《ほうりつ》の専門知識《せんもんちしき》を有《ゆう》する者《もの》の中《なか》から、徳望《とくぼう》のある者《もの》を国民《こくみん》が選出《せんしゅつ》する。

現在《げんざい》、最高裁判所の裁判官は、十年に一回、国民審査《しんさ》によって、罷《ひ》免《めん》するかどうかの判定がなされています。投票では、罷免したい裁判官にバツ印をつけるのですが、バツ印の数は、だいたい投票数の一割《わり》程度《ていど》に収《おさ》まっているのではないでしょうか。

国民は、審査の対象となっている裁判官の名前も知らないし、その人がどのような仕事をしたかも分からないので、「実際上《じっさいじょう》、最高裁の裁判官の資質《ししつ》が判定できない」というのが現実です。

したがって、最高裁判所のトップになる人を選挙で選んでもよいのではないかと思います。法律の知識や経験《けいけん》のある人であれば、必ずしも裁判官でなくてもよいでしょう。

例えば、国会議員や官僚《かんりょう》、学者、弁護士《べんごし》、検事《けんじ》など、実際に法案等をつくったり、法律を適用《てきよう》したりしてきたような人から選出してもかまわないと思います。

ある一定の法律的な専門知識を有する人のなかから、「徳望のある者」を選出することが望ましいと思います。

もし、国会と大統領《だいとうりょう》との間で諍《いさか》いが起こり、うまくいかなくなったときには、最高裁長官は調停役をしなければいけません。そのため、「法律の専門知識もありながら、徳望のある人を選んで仲介《ちゅうかい》させる」という考え方をしているのです。

国民による投票は最高裁長官だけでよいと思います。十五人の裁判官全員を投票で選ぼうとしても、結局、どんな人物かが分からないからです。「どの裁判官が、どのような判決をしたか」ということは、ほとんどの人が分からないでしょう。

したがって、選挙で選ばれるのはトップ一人だけでよいと思います。会社の経営でもトップ一人、社長一人の責任《せきにん》です。トップ一人が選挙で選ばれるだけでも、裁判官全員がビシッと引き締《し》まります。

最高裁長官の選び方については特に限定《げんてい》していないので、あとは法律等で決めることになります。

11 公僕《こうぼく》たる公務員《こうむいん》にも「能力制《のうりょくせい》」導入《どうにゅう》を

〔第九条〕

公務員《こうむいん》は能力《のうりょく》に応《おう》じて登用《とうよう》し、実績《じっせき》に応《おう》じてその報酬《ほうしゅう》を定《さだ》める。公務員《こうむいん》は、国家《こっか》を支《ささ》える使命《しめい》を有《ゆう》し、国民《こくみん》への奉仕《ほうし》をその旨《むね》とする。

能力《のうりょく》に応《おう》じた公務員《こうむいん》の登用《とうよう》

「公務員は能力に応じて登用し」とありますが、当たり前のことです。「能力に応じて」というのは、「採用試験《さいようしけん》だけで能力を判定《はんてい》する」ということではありません。公務員となって役所に入って以降《いこう》、係長、課長補佐《ほさ》、課長、局長など、昇進《しょうしん》の段階《だんかい》はいろいろありますが、「能力がある者を登用していく」ということです。

それから、「実績に応じてその報酬を定める。」とありますが、これについては、今、幸福実現党《こうふくじつげんとう》からも提言《ていげん》していると思います。

法律《ほうりつ》によって、「一定の年齢《ねんれい》になったら必ず報酬《ほうしゅう》が上がっていく」というような俸給《ほうきゅう》システムにはしないわけです。これは民間企業《きぎょう》に近いスタイルだと言えます。

能力と実績に合わせて昇進や俸給等が決まるスタイルを取るため、

もちろん、昇格《しょうかく》だけではなく降格もありえます。

現在の公務員の場合は、事実上、降格はほとんどありません。降格ではなく、たいてい、「外に転出する」というかたちになっています。

しかし、能力がなければ降格もありうるかたちにするわけです。

「国家を支《ささ》える使命」と「国民への奉仕《ほうし》」

条文《じょうぶん》には、「公務員は公僕《こうぼく》である」という趣旨《しゅし》のことが書いてありますが、公務員には、もう一段の使命があると思います。優秀《ゆうしゅう》な人々を集めているので、公務員は、本当は国家の〝背骨《せぼね》〟とならなければいけない人々なのです。

その使命を公務員に自覚してもらうため、「公務員は、国家を支える使命を有し、国民への奉仕をその旨とする。」という二つの趣旨を入れたのです。

なお、「国民への奉仕をその旨とする」というのは、「公務員はサービス業の一種であることを忘《わす》れてはいけない」ということでもあります。国民へのサービスが基本《きほん》なのです。

したがって、国家を支える使命について、自負心を持つことはよいけれども、「仕事の内容《ないよう》は国民への奉仕である」ということを、改めて確認《かくにん》しておく必要があります。

「国民への奉仕」と言っているのに、国民の生活や仕事を阻害《そがい》するようなことであってはいけないのです。

しかし、現実には、それを阻害していることはかなりあります。公務員の世界では、速い仕事をしたら「少し危《あぶ》ない」と思われることがあるようです。先日も、数年前にスッと通った書類が「怪《あや》しい」ということで検察《けんさつ》が動き、厚生《こうせい》労働省の局長が逮捕《たいほ》されました。

公務員の世界では、書類の審査《しんさ》を速くすると、「きちんと審査していなかった」というように言われるので、「『慎重《しんちょう》に吟味《ぎんみ》した』という跡《あと》を残すために、半年や一年は仕事を引っ張《ぱ》らなければいけない」ということが現実にあるわけです。しかし、公務員は、「奉仕」ということを常《つね》に考えなければいけないのです。

12　法律《ほうりつ》の目的は「自由の確保《かくほ》」にあり

〔第十条〕　国民《こくみん》には機会《きかい》の平等《びょうどう》と、法律《ほうりつ》に反《はん》しない範囲《はんい》でのあらゆる自由《じゆう》を保障《ほしょう》する。

「機会の平等」をできるだけ保障《ほしょう》すべき

第十条では、まず、平等ということについて、「機会の平等」「チャンスの平等」を強く打ち出しました。

「結果の平等」を目指すと、基本的《きほんてき》には共産主義《しゅぎ》社会にしかならず、各人の創意工夫《そういくふう》や自助努力、企業家精神《きぎょうかせいしん》等を阻害《そがい》することがあります。やはり、個人《こじん》の何十年間の努力、一生にわたる努力によって、いろいろと差はついてくるものであり、「結果を平等にする」ということは無理なのです。

結果を平等にしようとすると、不幸な社会になる可能性《かのうせい》が高く、かつて、「貧《まず》しさの平等」以外に、地上に現《あらわ》れたものはありません。できるだけ、「機会の平等」「チャンスの平等」を、憲法《けんぽう》において保障し、これを認《みと》めることが大事です。

要《い》らない法律《ほうりつ》はできるだけ排除《はいじょ》する

さらに、「法律《ほうりつ》に反しない範囲でのあらゆる自由を保障する。」という考え方を打ち出しています。もちろん、法律の内容《ないよう》が悪ければ困《こま》ることもあるので、注意は必要です。

日本国憲法では、「表現の自由」「言論《げんろん》の自由」「出版《しゅっぱん》の自由」「結社の自由」など数多くの自由を保障していますが、この条文では、いちいち列挙せず、「基本的に、これらの自由はすべて保障する。法律は増《ふ》えていく一方なので、リストラをかけて、要《い》らない法律はできるだけ排除《はいじょ》し、最小限《さいしょうげん》にとどめる。そして、法律を守っている範囲内では、国民は何をしても自由である」ということを言っているのです。

これはハイエク流の考え方です。

「法律とは、人間を取り締《し》まって動けなくするためにあるのではなく、自由を確保《かくほ》するためにある。法律さえ守っていれば、あとは何をしてもかまわない。自由の幅《はば》を提示《ていじ》するのが法律の仕事なのだ」ということです。

法律を制定《せいてい》するのは、国民から選ばれた国会議員です。もし、その国会議員が自分たちを抑圧《よくあつ》するような法律をつくるのであれば、それは、国民の自業自得《じごうじとく》です。あるいは、その国会議員は次回の選挙で、落選することになるでしょう。いずれにせよ、決着はつくはずです。

法律の具合が悪ければ、次の選挙で落選させ、新しい国会議員によって、その法律を改正させればよいのです。

何もかも取り締《し》まろうとする発想は捨《す》てよ

法律や条例、通達などは、増えていく一方なので、できるだけ見直しをする必要があります。憲法をスリム化すると同時に、法律などもスリム化していかなくてはなりません。

「それをしないのは、基本的に、国民の自由の領域《りょういき》を狭《せば》めているのだ」ということを明確に訴《うった》えておきたいと思います。すぐに統制経済《とうせいけいざい》型《がた》になりがちなので、これを避《さ》けたいと思っています。

自由主義社会においては、「よいものを選択《せんたく》し、悪いものを排除する」という判断《はんだん》は、よし悪《あ》しの事実が分かった段階《だんかい》で、国民には十分に働きます。

「役所が何もかも取り締《し》まらなければいけない」というような、江《え》戸《ど》時代的な発想は捨《す》てたほうがよいでしょう。

法律は少ないほうがよいのです。昔から「法三章《ほうさんしょう》」という言葉があるように、法律は基本的なことだけを示《しめ》しておけばよいのです。

13「安い税金《ぜいきん》」と「政治《せいじ》参加の自由」を保障《ほしょう》せよ

〔第十一条〕国家《こっか》は常《つね》に、小《ちい》さな政府《せいふ》、安《やす》い税金《ぜいきん》を目指《めざ》し、国民《こくみん》の政《せい》治参加《じさんか》の自由《じゆう》を保障《ほしょう》しなくてはならない。

企業《きぎょう》にも「国民の幸福を護《まも》る義務《ぎむ》」を担《にな》ってもらう

今、幸福実現党《こうふくじつげんとう》も訴《うった》えていることですが、政府には、すぐに肥大化《ひだいか》していく傾向《けいこう》があります。「役人の数は常《つね》に増《ふ》え続ける」というパーキンソンの法則《ほうそく》のとおり、人間には、ポストをつくって部下を増やしたがる傾向があるのです。

「小さな政府を目指す」ということは、「国民の裁量《さいりょう》に任《まか》せる自由の領域《りょういき》を増《ふ》やす」ということです。それは、「国民に責任《せきにん》を持ってもらいたい」という意味なのです。

同時に、国家と国民の間にある「企業《きぎょう》」にも、ある程度《ていど》、「国民の幸福を護《まも》る義務《ぎむ》」を担《にな》ってもらいたいと思っています。

千人、五千人、一万人という従業員《じゅうぎょういん》の雇用《こよう》を護ったり、ある程度の福祉《ふくし》を提供《ていきょう》したり、いろいろな便宜《べんぎ》を図《はか》ったりすることを、企業も努力して行うべきだと思います。これらのすべてを国家が仕事として受け持つと、増税《ぞうぜい》するしかなく、結果的に国民は苦しくなります。

したがって、国家と国民の間に介在《かいざい》する企業にも、できるだけ仕事を引き受けてもらいたいと思うのです。

例えば、育児支援《しえん》は、国家がやるべきことでもありますが、企業でも、努力すればできることです。

「企業のなかでは個人的《こじんてき》なことは許《ゆる》されない」という、公私《こうし》の分離《ぶんり》、「私《し》は私《し》、公《こう》は公《こう》」と分ける考え方もありますが、通勤《つうきん》に一時間半もかかるなど、現実《げんじつ》には、女性《じょせい》が働きながら子供《こども》を育てられるような環《かん》境《きょう》ではないことが多いのです。

そこで、今、女性が多い職場《しょくば》に、保育所のような施設《しせつ》を備《そな》えている企業も増えており、そういう企業は人気が高いようです。

また、休憩《きゅうけい》時間の代わりとして、ときどき、授乳《じゅにゅう》に行ったり、子供を見に行ったりする時間が与《あた》えられる企業も増えています。

女性が主戦力である化粧品《けしょうひん》会社などでは、そういう傾向が強く出てきているのですが、これであれば、女性は安心して働けます。

企業では残業も多いので、公立の保育所のように、午後の四時や五時で「終わり」などと言われるのでは大変です。その点、企業による育児支援があれば、ある程度の遅《おそ》い時間まで、子供を預《あず》かってもらうこともできるでしょう。

もちろん、国のほうでも、便利な所に子育て支援の施設をつくる必要はありますが、企業でできるものは企業で、個人でできるものは個人で努力すべきだと思います。

憲法《けんぽう》に増税《ぞうぜい》の防波堤《ぼうはてい》を明記する

「すべてを国に頼《たよ》る」という社会は、あまりよい社会ではないと私は思っています。そのために税金がたくさん要《い》るようになるのは、よいことではありません。

したがって、「常に、小さな政府、安い税金《ぜいきん》を目指し」というかたちで、憲法《けんぽう》のなかに「安い税金」という言葉を入れました。少し〝安っぽい言葉〟ですが、分かりやすいので入れています。

このように憲法に書かれると、税金を上げるのは、なかなか苦しいだろうと思います。「安い税金を目指し」と、一言《ひとこと》、加えておくだけで、増税《ぞうぜい》の防波堤《ぼうはてい》にはなります。

結局、日本の〝税率《ぜいりつ》〟は高いのです。税金そのものの税率は、それほど高くないように見えても、年金や健康保険など、いろいろな名目で取られるため、すべてを合わせた税率は、世界でもかなり高い水準《すいじゅん》なのです。知らないうちに、給料の半分ぐらいを、こういう〝税金〟で取られていることがあるので、税率は、それほど低くはありません。「それほど税金が要る」ということは、間違《まちが》いなく、政府が非効率《ひこうりつ》な経営《けいえい》を行っているのです。

「自分たちの運命を自分たちで決める自由」

さらに、「国民の政治参加の自由を保障しなくてはならない。」と書いてあります。独裁的《どくさいてき》な政府になることを防《ふせ》ぎ、「国民の政治参加の自由」を保障するために、この一行を入れておきました。

今の二大政党制《せい》も、いったんつくられてしまうと、新しい政党がつくれないようになってきつつあり、二つの政党のどちらかに収斂《しゅうれん》して、あとのものは消えていくようになっています。

やはり、「政治参加の自由」は最大限《さいだいげん》に保障しておかなくてはなりません。これは、「自分たちの運命を自分たちで決める自由」なので、一行、入れておきたいと思います。

「小さな政府を目指せ。安い税金を目指せ」と言っても、政治家は動かないかもしれないので、「国民の政治参加の自由を保障しなくてはならない。」と、あえて付け加えておいたのです。

14　マスコミ権力《けんりょく》の濫用《らんよう》は制限《せいげん》すべき

〔第十二条〕　マスコミはその権力《けんりょく》を濫用《らんよう》してはならず、常《つね》に良心《りょうしん》と国《こく》民《みん》に対《たい》して、責任《せきにん》を負《お》う。

現実《げんじつ》には「第一権力《けんりょく》」になってきているマスコミ

この条文《じょうぶん》に対してマスコミが反発するのは必至《ひっし》でしょう。

今、マスコミは非常《ひじょう》に大きな権力になっていて、実際上《じっさいじょう》、「第一権力」と言われています。

発行部数がわずか十万部や二十万部、あるいはせいぜい五十万部ぐらいの週刊誌《しゅうかんし》の記事によって、首相や大臣のクビが〝一瞬《いっしゅん》〟で取れてしまうのです。それも、編集長《へんしゅうちょう》の承認《しょうにん》があるにせよ、一ライターの記事によってできるのです。

公務員《こうむいん》を罷免《ひめん》する権利は、国民固有の権利なのですが、現在《げんざい》は、週刊誌の権利であるかのようになっています。それだけ権力が増《ま》してきたら、やはり少しはチェックが必要であると思います。

現在、このマスコミ権力の根拠《こんきょ》になる条文が、日本国憲法《けんぽう》にはありません。あえて言えば、第二十一条にある、「集会、結社及《およ》び言論《げんろん》、出版《しゅっぱん》その他一切《たいいっさい》の表現の自由は、これを保障《ほしょう》する。」（第一項《こう》）という条文しかないのです。

今のマスコミは、かなり大きいところだと、万単位の社員がいて、巨大《きょだい》な〝官僚組織《かんりょうそしき》〟にすでになっています。

そして、マスコミには、「謝《あやま》らない」という基本的《きほんてき》な特徴《とくちょう》があります。マスコミは、いくら間違《まちが》いを書いても謝らなくて、責任を取らないのです。交通事故《じこ》でいうと、轢《ひ》き逃げ《に》（ヒット・エンド・ラン）と同じで、「見つからなければよい」「誰《だれ》からも追及《ついきゅう》されなければよい」という姿勢《しせい》です。

ただ、轢き逃げ犯《はん》が捕《つか》まるように、間違った記事が、ほかのマスコミの獲物《えもの》にされることもたまにあって、そのときだけは責任を取らされているようですが、たいていの場合は〝轢き逃げ〟になるのです。しかし、そろそろ、少しは自覚を持ってもらわないといけないと思います。

以前、マスコミは「第四権力」と言われていましたが、今は、もう、現実《げんじつ》には「第一権力」になってきているので、「その権力を濫用《らんよう》してはならない」ということが大切です。

まず、「個人《こじん》に対して攻撃《こうげき》してよい範囲《はんい》が、やはりあるだろう」ということです。個人には、プライバシー権や名誉《めいよ》などがいろいろとありますが、マスコミが個人を攻撃する場合、「寄《よ》ってたかって襲《おそ》いかかる」という傾向《けいこう》があります。

それから、マスコミが談合して報道内容《ほうどうないよう》を決めているような場合もあり、政治《せいじ》に対する影響力《えいきょうりょく》も現実にはかなりあるので、権力の濫用を戒《いまし》める必要があるのです。

マスコミには報道《ほうどう》に対して神聖《しんせい》な責任《せきにん》がある

そして、「良心と国民に対して、責任《せきにん》を負う。」と書いてあります。

マスコミに良心があるかどうかは知りませんが、できれば、マスコミの方にも、神の子、仏《ほとけ》の子としての良心を持っていただきたいと思っています。

「国民に対して責任を負う」とは、「マスコミには報道《ほうどう》に対して神聖《しんせい》な責任がある」ということです。

一九六〇年代ぐらいにテレビ局に入った人たちは、「私たちは、新聞社を受けて落ちた結果、テレビ局に入っているので、二流、三流の人間なのだ」と思っていて、自分たちをそれほど偉《えら》い人間だとは思っていなかったようです。

そのころに大手の新聞社などを幾《いく》つも落ちた人たちが、今、テレビ局の経営陣《けいえいじん》になっているので、自分たちがそれほど大きな権力を持っているとは思っていない面があるのです。ところが、テレビの時代がやってきて、実際には、大きな権力が生まれました。

また、同じ時期にラジオ局を受けて落ちた人も、テレビ局に入っています。当時は、テレビよりもラジオのほうが普及《ふきゅう》していたので、ラジオ局の人のほうが偉かったのです。

そのように、かつては、新聞社やラジオ局を落ちた人がテレビ局に入っていたのですが、現在では、テレビ局に入ることは非常に難《むずか》しくなっています。

そして、今は、新聞社やテレビ局等に入れない人が、雑誌社に入り、その鬱憤《うっぷん》を晴らそうとして、かなり過激《かげき》な記事を書くことが多いようです。「大手のマスコミなら書けないだろう」というようなことを、過激に書いています。「社員が書くと会社に責任が生じるような場合には、フリーライターを使って書く」というようなことをしています。新聞も、普通は署名記事《しょめいきじ》ではないので、〝無名の権力〟になっています。誰の責任か分からず、「集合責任」とされていて、個人の責任を追及できないのです。

ときどき署名記事も載《の》りますが、これは、「万一《まんいつ》、記事が間違っていた場合には、この執筆者《しっぴつしゃ》だけをクビにします」という意味です。政治学では、そのように教えています。国際欄《こくさいらん》などには署名記事がよく載っていますが、「もし、これが間違っていて国際問題になった場合には、その執筆者一人の責任です」という意味なのです。

署名していない記事には、「責任を取る気がない」という強固な意《い》志《し》が表れています。

このような無名の権力をマスコミは持っているので、やはり、「一定の責任がある」ということを言っておいたほうがよいと思います。

15　地方自治のあるべき姿《すがた》

〔第十三条〕　地方自治《ちほうじち》は尊重《そんちょう》するが、国家《こっか》への責務《せきむ》を忘《わす》れてはならない。

民主党《みんしゅとう》も自民党も「道州制《どうしゅうせい》」に賛成《さんせい》しているそうですが、私は、この狭《せま》い国をこれ以上分割《ぶんかつ》して、いろいろな役所が増《ふ》えたりするようなことを、望ましいとは思っていません。

行政《ぎょうせい》スピードということを考えるならば、地方自治という、現場《げんば》をよく分かっているところでの意見や判断《はんだん》は尊重しますが、国家としての迅速《じんそく》な判断が求められるものに対しては、一定の方向で、その判断を認《みと》めなければいけないと思うのです。

例えば、一九九五年一月に「阪神《はんしん》・淡路大震災《あわじだいしんさい》」がありましたが、当時の兵庫県《ひょうごけん》知事は、たまたま左翼《さよく》寄りの人で、当初は自衛隊《じえいたい》を投入することに反対だったため、自衛隊への救援要請《きゅうえんようせい》が遅《おく》れたのです。その人は、過去《かこ》にも、自衛隊の防災《ぼうさい》訓練でさえ拒否《きょひ》していました。

実は、このとき、アメリカから、「第七艦隊《かんたい》の空母を被災地《ひさいち》に派遣《はけん》し、被災者を救済《きゅうさい》したい」という申し出があったのですが、「アメリカ軍の日本での活動には反対だ」などという理由で、アメリカ側の申し出は拒否されたと言われています。

空母は何万人もの人を救うことができます。被災者を乗せ、食料を提供《ていきょう》して、泊《と》めることができるので、巨大《きょだい》なホテルのようなものなのですが、結局、アメリカ軍の空母は被災者の救済に行くことができなかったのです。

同様に、自衛隊も、知事の許可《きょか》が下りなくて、すぐには救援に行けなかったわけです。

また、当時、幸福の科学は被災者救済のためにヘリコプターを飛ばそうとしたのですが、被災地には着陸可能《かのう》なヘリポートがほとんどなく、ヘリポート以外にはヘリコプターが着陸できないため、当会が空から救援に行くことはできませんでした。

道路が寸断《すんだん》されているときには空から行くしかないのですが、日本にはヘリポートの数が非常《ひじょう》に少なく、当時も、「下りられるヘリポートがないから着陸が許可されない」という状態《じょうたい》だったのです。

地方自治もよいのですが、このようなときには、やはり、国家で決めた方針《ほうしん》で対応《たいおう》しなければいけません。国家が、例えば、「自衛隊を派遣して救済する」などと決めたら、やはり、自治体はそれを受け入れなければいけません。地方自治体に、それを拒絶《きょぜつ》するだけの権利《けんり》はないと私は思います。

今後も、災害や戦争その他《た》、予想されない事態が起こりうると思うので、そのような大きな規模《きぼ》で、国民の生命や安全、財産《ざいさん》の損害《そんがい》等にかかわるようなことがあれば、自治体には国家レベルの判断に従《したが》う義務《ぎむ》があると思います。

16　天皇制《てんのうせい》は文化的象徴《ぶんかてきしょうちょう》として存続《そんぞく》すべき

〔第十四条〕　天皇制《てんのうせい》その他《た》の文化的伝統《ぶんかてきでんとう》は尊重《そんちょう》する。しかし、その権能《けんのう》、及《およ》び内容《ないよう》は、行政《ぎょうせい》、立法《りっぽう》、司法《しほう》の三権《さんけん》の独立《どくりつ》をそこなわない範囲《はんい》で、法律《ほうりつ》でこれを定《さだ》める。

現憲法《げんけんぽう》では、民主制《みんしゅせい》と君主制が入り交じっている

現憲法《げんけんぽう》では、天皇制は第一章に堂々と規定《きてい》されています。

憲法前文《ぜんぶん》では「主権在民《しゅけんざいみん》」を謳《うた》いながら、第一章は「天皇」となっていて、第一条には、「天皇は、日本国の象徴《しょうちょう》であり日本国民統合の象徴であって、この地位は、主権の存する日本国民の総意《そうい》に基《もと》づく。」とあります。

しかし、私が近著《きんちょ》『幸福実現党宣言《こうふくじつげんとうせんげん》』（幸福の科学出版刊）の第1章で指摘《してき》したように、実際《じっさい》は、国民投票を経《へ》ていないので、天皇制に国民の意思《いし》は何ら反映《はんえい》されていません。「擬制《ぎせい》」というか、建前上、憲法でそのように謳われているだけなのです。

そういう国家判断《はんだん》に基《もと》づいて今の天皇制は成り立っているわけです。

さらに、歴史的には、天皇が「文化的存在であったとき」と「政治的存在であったとき」の両方があり、後者のときには、「天皇がよい政治をした場合」と「悪い政治をした場合」の両方が現実にはありました。

天皇は血統で百二十五代も続いているものであり、国民の側では天皇を選ぶことはできません。よい天皇に当たるか、悪い天皇に当たるかは、サイコロを振《ふ》るようなところがあるのです。

今の日本では、民主主義《しゅぎ》というものはあっても、天皇は選べません。国民は、投票によって、天皇制を廃止《はいし》したり復活《ふっかつ》させたり、天皇を替《か》えたりすることができない状況《じょうきょう》にあるのです。

天皇が政治に深入りできないのは、民主制の下《もと》では当然のことでしょう。もし深入りできるのであれば、「実は、民主制自体が存在していない。君主制でしかない」ということになります。

結局、現憲法は民主制と君主制とが入り交じっている状態《じょうたい》であると言えます。

天皇《てんのう》ではなく、「大統領《だいとうりょう》」が責任《せきにん》を取る体制《たいせい》にすべき

望むらくは、立派《りっぱ》で徳《とく》のある天皇《てんのう》が続いてほしいと思いますし、そうなれば、それで済《す》む問題でもあろうかとは思います。

ただ、旧《きゅう》憲法である大日本帝国《だいにっぽんていこく》憲法（明治《めいじ》憲法）下では、天皇が元首の地位にあったことは事実です。そして、先の戦争においては、軍

隊は、やはり「天皇陛下《へいか》の軍隊」であり、天皇の名の下に戦争をし、その結果、大勢《おおぜい》が亡《な》くなって、終結したことは間違《まちが》いありません。

それゆえ、天皇にも、ある意味で戦争責任《せきにん》はあると思います。ほかの国であれば、元首はみな死刑《しけい》などになっていますが、日本だけは生き延《の》びています。それは、昭和《しょうわ》天皇の個人的《こじんてき》な徳力《とくりょく》、カリスマ性《せい》が大きく効《き》いたからだと思います。そういう意味では、日本はラッキーでした。

しかし、今後は、天皇を、そういう危険《きけん》にさらさないためにも、やはり、文化的象徴にしておいたほうがよいと思います。そのほうが、天皇制は、のちのちまで残ります。

責任は大統領《だいとうりょう》のほうが負うべきであると思います。

もし、日本が再《ふた》び戦争を起こし、その戦争が国際社会で認《みと》められず、戦争責任を問われることになった場合、その責任は大統領が取るべきです。国際社会の思うがままに、絞首刑《こうしゅけい》なり銃殺刑《じゅうさつけい》なりにされるのは、当然、大統領であり、国民の代わりに死ぬのが大統領の使命なのです。

そのために元首になるのです。元首というものは責任を取らなければいけません。元首に当たる人が敗北を認めたときに戦争が終わるので、やはり、そうあるべきだと思います。

大統領は、戦争をするときには、当然、「自分の首が飛ぶかもしれない」ということを覚悟《かくご》しなければいけません。死刑になる覚悟をしなければいけないので、「戦争をするかどうか」ということは、当然、重大な判断になるわけです。

「いくら判断をしても、誰《だれ》も責任を取らない」というような制度であっては、やはり問題があります。

天皇制《てんのうせい》を残すことにはメリットがある

ただ、天皇制《てんのうせい》は、残しておけば、おそらく、万一《まんいっ》のときに何らかのかたちで役に立つことが、おそらくあるでしょう。

為政者《いせいしゃ》が混乱《こんらん》し、まったく機能しなくなったときには、明治維新《めいじいしん》のときのように、また役に立つこともあるかもしれません。

それは歴史的には数百年単位で起きていることなので、何かのときの求心力として、天皇制を残しておいたほうがよいと思います。

さらに、天皇制を残しておくと、海外には、「日本は二千六百年の歴史がある国である」とＰＲすることができます。

二百数十年の歴史しかないアメリカや、千年の歴史を誇《ほこ》ると言っているイギリスなどに負けない、「文化の重みを持った国」として発言することができるのです。二千六百年の歴史は、やはり文化としての重みになるので、この意味でも、天皇制はあってよいと思います。

ただ、現在の日本国憲法においては、「国事に関する行為《こうい》」と「国政に関する行為」とを分けて、天皇の実質上《じっしつじょう》の権力を奪《うば》っていますが、形式上は、権力があるかのごとく振《ふ》る舞《ま》っている面がかなりあるので、こういう点については、改める必要があるでしょう。

法律の施行《しこう》やその他は、大統領の名で行うべきであり、大統領が責任を取るべきであると考えています。

17　憲法《けんぽう》改正を、もっと容易《ようい》に

〔第十五条〕　本憲法《ほんけんぽう》により、旧憲法《きゅうけんぽう》を廃止《はいし》する。本憲法《ほんけんぽう》は大統領《だいとうりょう》の同意《どうい》のもと、国会《こっかい》の総議員《そうぎいん》の過半数《かはんすう》以上《いじょう》の提案《ていあん》を経《へ》て、国民投票《こくみんとうひょう》で改正《かいせい》される。

諸《しょ》外国と同じように憲法《けんぽう》改正のできる国へ

この条文《じょうぶん》における「旧憲法」とは、現在《げんざい》の日本国憲法のことです。

今は憲法の改正が非常《ひじょう》に難《むずか》しいので、もう少し容易《ようい》に改正できるようにしました。

戦後、外国では、いろいろな国で憲法改正がなされています。日本と同じ敗戦国であるドイツもそうですし、中国でさえ憲法改正をしています。

ただ、中国の場合、憲法改正によって、表向きは、信教の自由を認《みと》めたり、私有財産《しゆうざいさん》の存在《そんざい》を認めたりするようになりましたが、条文《じょうぶん》が改正されただけであり、完全な実施《じっし》はされていません。政府《せいふ》によって、突然《とつぜん》、私有財産を没収《ぼっしゅう》されることが、まだあるようです。

中国のような国でも憲法を改正しているのですから、日本も、憲法を容易に改正できるようにしておいたほうがよいと思います。

「一般《いっぱん》の法律《ほうりつ》の可決は、どうするのか」ということを書きませんでしたが、それについては、従来《じゅうらい》どおり、「出席議員の過半数以上の賛《さん》成《せい》で可決される」と考えてよいと思います。

すなわち、「一般の法律は、国会に出席した議員の過半数以上の賛成で可決する。一方、憲法改正の提案に関しては、総議員の過半数以上の賛成で可決する」ということです。

一般の法律に比《くら》べ、憲法改正の場合は可決が少し難しくなりますが、今のように「総議員の三分の二」までは要求しないということです。

今、一つの政党《せいとう》で三分の二以上の議席を取るのは、そう簡単なことではありません。連立を組む場合も同じです。「与党《よとう》と野党に分かれたら、野党は必ず反対するので、条件を『三分の二』以上にすると、基本的《きほんてき》に憲法改正はできない」と見て、こういう条文をつくってみました。

憲法《けんぽう》と条約《じょうやく》のどちらを優先《ゆうせん》すべきか

私は、実質上《じっしつじょう》、国会を一院制《いちいんせい》にするつもりですが、これによって、条約承認《じょうやくしょうにん》や予算先議権《せんぎけん》など、「衆議院《しゅうぎいん》の優越《ゆうえつ》」というものはなくなります。

さらに、「憲法《けんぽう》と条約のどちらが優位《ゆうい》に立つか」ということについて何も書きませんでしたが、これも憲法論《ろん》としては非常に難しい問題を含《ふく》んでいます。

ただ、私としては、「憲法の前文《ぜんぶん》の内容が簡潔《かんけつ》なので、そのときどきで、前文に照らし、自分の国に有利なように判断《はんだん》すればよい」と思います。

必要な条約を結ぶときに、憲法がその阻害要因《そがいよういん》になってはいけません。「そのときの、国会あるいは政党の構成《こうせい》要員たちの反対によって、国にとってどうしても必要な条約を結ぶことができない」ということがあっては困《こま》るのです。

基本的に、国と国との交渉事《こうしょうごと》を行う権利、すなわち外交権は、行政権に属《ぞく》するものであると考えます。大統領とその内閣《ないかく》に外交の権利はあるのです。

したがって、「条約等に関して、国会の承認をどこまで必要とするか」ということについては、別途《べっと》、法律で定めればよいと思います。

18　行政権《ぎょうせいけん》を強化し判断《はんだん》速度を上げよ

〔第十六条〕　本憲法《ほんけんぽう》に規定《きてい》なきことは、大統領令《だいとうりょうれい》もしくは、国会《こっかい》による法律《ほうりつ》により定《さだ》められる。

「大統領令《だいとうりょうれい》」の仕組みは、現状《げんじょう》と大きくは変わらない

私の試案は以上の十六条となります。

前文を入れて十七条に絞《しぼ》ったので、細かい手続き的なことについて

は、かなり欠けているものがあります。それについては、必要に応《おう》じて、大統領令《だいとうりょうれい》、もしくは、国会による法律によって定めてよいのです。大統領令と法律との二つがあり、「複雑《ふくざつ》になる」と言う人もいるかもしれません。

ただ、今の日本国憲法では、国会は「国の唯一《ゆいいつ》の立法機関である。」とありますが、現実には内閣《ないかく》からも法案がかなり出ています。実際《じっさい》に内閣で法案をそうとうつくっているのです。

主要法案は、けっこう内閣から出ているので、現状《げんじょう》とそれほど大きくは変わりません。

大統領令といっても、大統領独《ひと》りで全部をつくることはできません。

「大統領令とは、内閣や行政《ぎょうせい》のほうでつくった法律である」と考えてよいと思います。

今も、現実には二種類の法律が出ています。そして、内閣がつくった法案とはいえ、実際は、国会で多数を取った政党が総理《そうり》大臣を出しているので、国会の多数派《は》が法案をつくっているのと同じ効果《こうか》が出てはいるのです。

大統領《だいとうりょう》と国会の意見が対立した場合は、どうするか

大統領令《だいとうりょうれい》と国会による法律とが相矛盾《あいむじゅん》して、どうにもならなくなった場合は、前述《ぜんじゅつ》したように、専門家《せんもんか》としての見識《けんしき》を持つ最高裁長官《さいこうさい》が

仲介《ちゅうかい》をし、法律的判断《はんだん》を加えて話し合うことにします。

大統領が折れ、「国会の案でよい」と言ったら、それでよいし、最高裁長官が、「大統領令のほうが正しい」と言うのであれば、そちらの方向に行ってもよいでしょう。

そして、二週間以内に決着がつかなければ、基本的《きほんてき》に大統領令を優《ゆう》先《せん》することにします。

最終的な決着としては、五年ごとに来る選挙によって、「その判断が正しかったかどうか」ということが検証《けんしょう》されることになります。その程度《ていど》には、大統領に権限《けんげん》を委《ゆだ》ねなければいけないと思います。

予算の「単年度制《せい》」を廃止《はいし》し、国家もダム経営《けいえい》の実践《じっせん》を

少なくとも、「直接《ちょくせつ》投票によって大統領を選ぶ」ということにすれば、行政権は強化されます。行政権が強化される以上、判断の速度はかなり速くなります。外交や予算その他《た》、いろいろな行政事《じ》務《む》の速度はそうとう上がるはずです。

国民に直接選ばれている大統領であれば、官僚《かんりょう》に対しての力も非《ひ》常《じょう》に強くなります。

今は国民に直接選ばれてはいないので、官僚に対して弱いし、総理の力より派閥《はばつ》の長の力のほうが強いと、派閥の意見のほうが強くなっ

たりして、うまくいかないことがよくあります。

また、外国から見ると、「日本という国は、いったい誰《だれ》が意思《いし》決定をしているのか分からない。誰と話をすればよいのか」という問題もありますが、大統領制にすれば、「大統領に話せばよい」ということが、はっきりするのです。

大統領の任期《にんき》は、一期を五年とし、二期十年までに制限するあたりが適切《てきせつ》かと思います。

十年ぐらいあれば、ある程度、大きな計画についても路線を敷《し》けるのではないかと思うのです。

例えば、スペースシャトルの開発や、リニアモーターカーを全国に敷く計画などは、任期が十年ぐらいないと、なかなか、できることではありません。一年や二年で替《か》わっていては、とても、できるようなことではないのです。

また、予算について、試案には書いてありませんが、ある程度の任期があるのですから、予算の「単年度制」を廃止《はいし》し、ダム経営《けいえい》ができるようにするべきだと思います。これは、憲法ではなく、法律に委ねるべきことでしょう。

そして、大統領が、「この施策《しさく》に重点を置きたい」と考えるのであれば、そこに予算を集め、集中的に使えばよいと思います。

19 憲法《けんぽう》は「国家の理念」を示《しめ》すべき

細かい詰《つ》めはまだ残るかもしれませんが、憲法《けんぽう》は、基本的《きほんてき》に、「国家の理念を明らかにする。国民の生きていく方向性《せい》を明示《めいじ》する。そして、国の基本的なあり方、原型を示《しめ》す」というスタイルでよいと私は考えています。

その他《た》の細かいことは、法律《ほうりつ》に委《ゆだ》ねればよいでしょう。

そのときどきに決める細かい内容《ないよう》は、三十年以上は、なかなかもたないものです。一世代もたてば、かなり時世が変わり、古くなってしまいます。

したがって、施行《しこう》から三十年ぐらいたった法律は、見直しをしていったほうがよいと思います。法律を増《ふ》やし続け、国民の自由の範囲《はんい》を狭《せば》めることは、やはり避《さ》けたほうがよいでしょう。

例えば、アメリカの西海岸などへ行くと、家が山の急斜面《きゅうしゃめん》に堂々と建っていることがあります。下から、つっかえ棒《ぼう》で支《ささ》え、家を建てているのです。

日本であれば、「がけ崩《くず》れが起きると、生命の危険《きけん》がある」という理由で、絶対《ぜったい》に建てられないような場所ですが、そこに堂々と家が建っています。

現地《げんち》の人に訊《き》いたら、「それは個人《こじん》の責任《せきにん》です。『がけ崩れが起きて、死ぬことになってもよい』と思って建てているなら、それはもう本人の自由です。土地はたぶん安いと思うので、予算から見て、そこにしか建てることができなかったのでしょう」と言っていました。

住んでいる人は、「予算の範囲内だし、景色もよい」ということで、納得《なっとく》しているでしょうし、おそらくは、「崩れ落ちて死ぬときは、それまでである」と覚悟《かくご》しているでしょう。

日本では、「法律でがんじがらめにして、そういう危険なことは、できないようにしたほうがよい」と考えがちですが、ある程度《ていど》、個人のリスクというものもあるので、あまり細かく物事を決めすぎるのはよくないと思います。

以上が、私の「新・日本国憲法 試案」です。

あとがき

憲法としての条文数は少ないが、第2章の講義を読めば、立法者の趣旨《しゅし》は理解できると思うので、関連する法案をつくることは、それほど難しくはないだろう。

国民全員が読んで理解できる、簡素《かんそ》な憲法案ができたものだと自負《じふ》している。

正しく、夢のある国を、一緒《いっしょ》に創《つく》っていこうではないか。

国師《こくし》　大川隆法《おおかわりゅうほう》

二〇〇九年　七月七日

本書は、左記の内容をとりまとめ、加筆したものです。

第1章　新・日本国憲法 試案　　二〇〇九年六月十五日書き下ろし

第2章　「新・日本国憲法 試案」講義　　二〇〇九年六月十六日説法

『新・日本国憲法 試案』大川隆法著作参考文献

『幸福実現党宣言』（幸福の科学出版刊）
『政治の理想について』（同右）
『政治に勇気を』（同右）
『国家の気概』（同右）

新《しん》・日本国憲法《にほんこくけんぽう》 試案《しあん》 ――幸福実現党宣言④――

2009年7月7日　初版第1刷

著　者　　大《おお》川《かわ》隆《りゅう》法《ほう》

発行所　　幸福の科学出版株式会社

〒142-0041 東京都品川区戸越1丁目6番7号
TEL(03)6384-3777
http://www.irhpress.co.jp/

印刷・製本　株式会社 堀内印刷所

落丁・乱丁本はおとりかえいたします

ISBN978-4-87688-353-0 C0031

大川隆法 最新刊・**救国の緊急提言①**

国民を真に幸福にするための
「憲法改正」を語る

幸福実現党宣言

この国の未来をデザインする

◆なぜ今「幸福実現党宣言」なのか
◆政治と宗教、その真なる関係
◆「日本国憲法」を改正すべき理由
◆消費税、医療制度、政治資金問題……
今、起きている政治の問題に答える

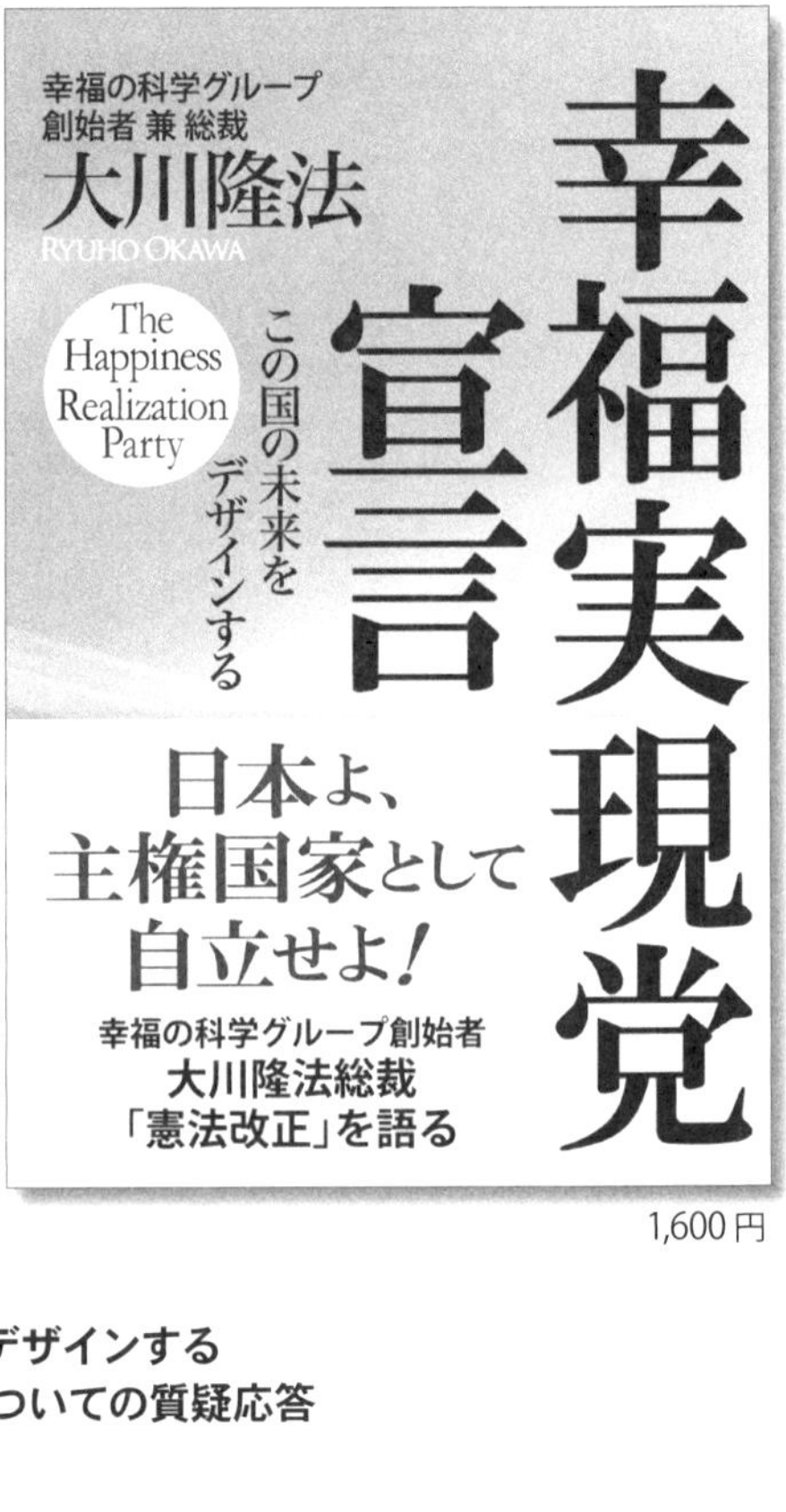

1,600円

大反響
発売中

第1章 幸福実現党宣言
第2章 この国の未来をデザインする
第3章 「幸福実現党」についての質疑応答

※表示価格は本体価格(税別)です。

大川隆法 ベストセラーズ・世界の大局を読む

国家の気概

日本の繁栄を守るために

- ◆ 中国の覇権主義にどう立ち向かうか
- ◆ 日本は「インド」と軍事同盟を結ぶべき
- ◆ 領土問題を脇に置いてでも「日露協商」を
- ◆ 「憲法九条」を改正し、自衛権を明記せよ
- ◆ すべての宗教戦争を終わらせるには

1,600円

日本の繁栄は、絶対に揺るがない

不況を乗り越えるポイント

- ◆ この不況は
「ネットと携帯電話のバブル破裂不況」
- ◆ 30兆円の銀行紙幣の発行で
景気は回復する
- ◆ 予算の「単年度制」改正で、
財政赤字は解決する

1,600円

朝の来ない夜はない

「乱気流の時代」を乗り切る指針

- ◆ 「第二の世界恐慌」の発生を止めた日本
- ◆ なぜ、財政赤字でも
アメリカは潰れないのか
- ◆ 緊迫するアジア情勢。日本はどうする？
- ◆ 大不況を乗り越える「必勝の戦略」とは
- ◆ 宗教対立とテロ問題を解決するには

1,600円